Louise Rivard

Gesunde Küche mit
Omega-3

200 Rezepte für Genießer

Mit einer Einführung von Prof. Hademar Bankhofer

Die Originalausgabe erschien 2007 unter dem Titel „200 recettes Oméga-3"
bei Les Publications Modus Vivendi Inc., Montréal/Kanada.

Copyright © 2007 Les Publications Modus Vivendi Inc.

Deutschsprachige Erstausgabe: © 2009 vgs
verlegt durch EGMONT Verlagsgesellschaften mbH,
Gertrudenstraße 30-36, 50667 Köln
Alle Rechte vorbehalten.

1. Auflage
Übersetzung: Astrid Roth, Susanne Viegener
Umschlaggestaltung: Zero Werbeagentur, München
Umschlagfotos vorne Mitte und rechts:
© Stockfood, David Loftus Limited, Bernhard Winkelmann
Satz: Achim Münster, Köln
Druck: Firmengruppe APPL, aprinta druck, Wemding
ISBN 978-3-8025-3660-1

www.vgs.de

Inhalt

Leckere Rezepte zum Genießen...

Vorwort	6
Einleitung	8
Häppchen und Vorspeisen	12
Frühstück und Brunch	62
Salate und Zwischenmahlzeiten	86
Suppen und Eintöpfe	114
Beilagen	138
Fleisch und Geflügel	150
Nudeln und Saucen	162
Fisch und Meeresfrüchte	190
Schmortöpfe und Ragouts	220
Desserts	232
Register	250

Prof. Hademar Bankhofer ist einer der führenden Medizin-Journalisten und Medizin-Publizisten im deutschsprachigen Raum. Millionen kennen ihn aus Fernsehen, Hörfunk, aus Zeitungskolumnen und als Autor von Ratgebern.

Er ist seit dem Jahr 2000 Lehrbeauftragter an der Universität Leipzig, pflegt intensive Kontakte zu mehreren amerikanischen Universitäten und arbeitet seit über 20 Jahren eng mit dem Institut für Sozialmedizin an der Universität Wien zusammen. Er widmet sich überwiegend der Prävention und dabei insbesondere der gesunden Ernährung.

Vorwort
Omega-3 – die Superkraft für Herz und Kreislauf

Es ist bereits 65 Jahre her, dass eine der bedeutendsten Entdeckungen auf dem Gebiet der gesunden Ernährung gemacht wurde. Damals, im Jahr 1944, las der britische Biochemiker Dr. Hugh Sinclair fasziniert einen Expertenbericht über die Ernährungsgewohnheiten der Ureinwohner Grönlands, der eine überraschende Erkenntnis enthielt: Obwohl der Speiseplan der Eskimos fast ausschließlich aus fettem Fisch, Robben- und Walfleisch besteht, weisen die Eisbewohner weltweit die besten Blutfettwerte auf, und es dauert länger, bis ihr Blut gerinnt.

Was den Wissenschaftler erstaunte: In der Ernährungswissenschaft war man bislang davon ausgegangen, dass nur eine fettarme Ernährung das Herz und die Gefäße schützt. Daher beschloss er, eine Forschungsreise nach Alaska zu unternehmen, um diesem Phänomen nachzugehen. Er lebte einige Zeit bei den dort ansässigen Eskimos und stellte fest, dass die Herzinfarktrate der Bevölkerung auffallend niedrig war. Daraus konnte man im Grunde nur einen einzigen Schluss ziehen: Es muss einen Zusammenhang zwischen der fischreichen Ernährungsweise der Menschen und der Herzgesundheit geben. Als Dr. Sinclair diese Vermutung veröffentlichte, nahm man ihn anfangs nicht ernst. Die Kritik verstummte allerdings sofort, als der Brite nachweisen konnte, dass fette Kaltwasserfische wie Makrele, Lachs und Hering in sehr hoher Konzentration Omega-3-Fettsäuren enthalten. Und diese Fettsäuren haben wiederum nachweislich einen positiven Einfluss auf die Blutfettwerte, den Kreislauf und das Herz. Es lag auch auf der Hand, warum vor allem jene Fische so besonders reich an Omega-3-Fettsäuren sind, die in eiskalten Gewässern leben: Sie produzieren deshalb so viel Fett – sozusagen als körpereigenes Frostschutzmittel –, damit sie bei den arktischen Temperaturen beweglich bleiben und überleben können.

Es dauerte allerdings bis zum Jahr 1980, dass man Dr. Sinclairs Beobachtungen und Behauptungen offiziell anerkannte. Zu verdanken ist dies vor allem den dänischen Wissenschaftlern Dr. H. O. Bang und Dr. J. Dyerberg. Im Rahmen einer Studie wiesen sie nach, dass die niedrige Herzinfarktrate und die vergleichsweise besseren Cholesterinwerte der Eskimos eindeutig auf die Omega-3-Fettsäuren zurückzuführen sind. 1982 schließlich erhielten die Wissenschaftler Prof. Dr. Sune K. Bergström und Prof. Dr. Bengt I. Samuelsson aus Schweden sowie Prof. Dr. John R. Vane aus Großbritannien für die Erforschung der ungesättigten Fettsäuren und Eicosanoide im Fischfett den Nobelpreis für Medizin.

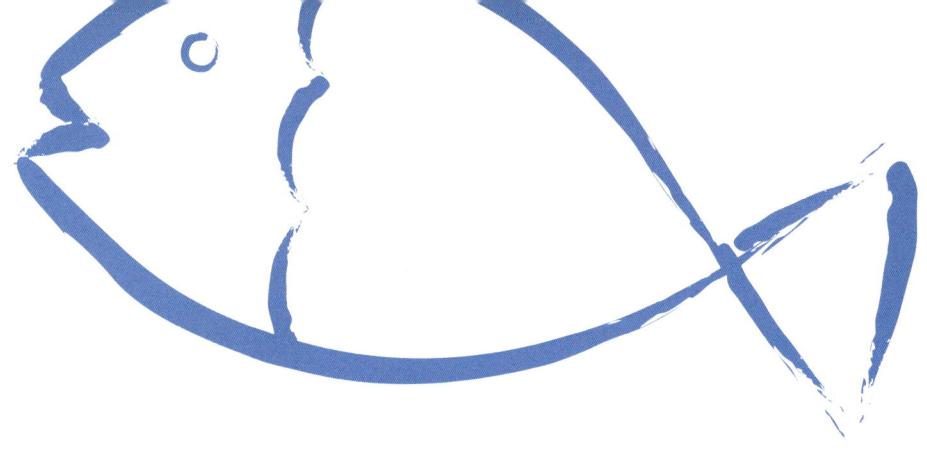

Seitdem sind die Omega-3-Fettsäuren, denen man den Beinamen „Lebenselixiere aus dem Meer" verlieh, ein wichtiges Thema in der internationalen Ernährungswissenschaft. Mit dieser Entdeckung war auch bewiesen, dass der menschliche Organismus ohne Fett nicht existieren kann. Er braucht es für einen gesunden Fettstoffwechsel. Allerdings muss es sich um gesundheitsfördernde Fette handeln. Sie sind Grundbausteine des menschlichen Körpers und wichtige Energielieferanten. Gesundes Fett dient dem Aufbau körpereigener Fette, die auch der Mensch zum Schutz gegen Kälte braucht.

Wie bedeutungsvoll die Omega-3-Fettsäuren sind, beweist allein schon die Tatsache, dass ein Baby sie für das allgemeine Wachstum, ein gesundes Herz sowie die Entwicklung des Gehirns braucht. Daher sind sie auch in der Muttermilch enthalten. Später muss der Mensch sie über die Nahrung zuführen.

Tierische Fette wie Speck, Schmalz und teilweise auch Butter enthalten vor allem gesättigte Fettsäuren und obendrein viel Cholesterin. Die wertvollen ungesättigten Fettsäuren sind hauptsächlich in pflanzlichen Ölen zu finden: die Omega-6-Fettsäuren und auch die Omega-3-Fettsäuren, für die gleichwohl der Meeresfisch der Hauptlieferant ist.

Wie oft sollte nun ein Erwachsener Fisch essen, um sich optimal mit Omega-3 zu versorgen? Die allgemeine Empfehlung lautet: ein- bis zweimal in der Woche, wie es auch bei den Eskimos der Fall ist. Man muss das betonen, weil viele Menschen, die besonders gesund leben wollen, gern in Extreme verfallen. Davor warnt der österreichische Wissenschaftler und Ernährungsmediziner Prof. Dr. Kurt Widhalm: „Bei einer extrem hohen Omega-3-Fettsäuren-Zufuhr kann die Immunabwehr leiden. Man wird anfälliger für Viren und Bakterien. Also gilt auch hier das Grundgebot: Die Dosis macht es. 6 bis 10 Gramm Omega-3 bei einer Mahlzeit sind schlichtweg zu viel. Normalerweise nimmt man mit einer Portion – also circa 200 Gramm – Lachs 3,6 Gramm Omega-3 zu sich, mit Hering 2,4 Gramm, mit Makrele 2 Gramm und mit Thunfisch 1,4 Gramm Omega-3. Amerikanische Wissenschaftler haben zudem festgestellt, dass das Risiko eines Herzinfarkts um bis zu fünfzig Prozent sinkt, wenn man jede Woche 200 Gramm fetten Meeresfisch – vor allem Lachs, Hering, Makrele, Thunfisch oder Sardinen – zu sich nimmt."

Nun gibt es aber auch Menschen, die nicht so oft Fisch essen möchten oder aber ihn gar nicht mögen. Auf welche Weise können sie sich mit Omega-3-Fettsäuren versorgen? Man findet sie – in biochemisch abgewandelter Form – auch in pflanzlichen Fetten, und zwar in Leinöl, Walnussöl, Weizenkeimöl, Hanföl und Rapsöl sowie in Algen. Während sich die Omega-3-Fettsäuren im Fisch aus Docosahexaensäure und Eicosapentaensäure zusammensetzen, bestehen sie in Pflanzen aus der Alpha-Linolensäure. Auch die Omega-3-Fettsäuren in Pflanzen haben für den Menschen große Bedeutung, wie 2007 eine Studie an der Harvard-Universität in Boston, USA, erwiesen hat: Wer über viele Jahre jeden Tag fünf bis sieben Walnüsse isst, kann damit dank der in ihnen enthaltenen gesunden Fettsäuren sein Herzinfarktrisiko um bis zu fünfzig Prozent senken und seine Lebenserwartung um fünf Jahre erhöhen.

Lernen Sie nun die faszinierende kulinarische Welt der Omega-3-Fettsäuren kennen. Lernen Sie Gerichte kennen, die für Sie zugleich Naturarzneien sind. Wie Sie die wunderbaren Rezepte zubereiten können und mit ihnen etwas für Ihre Gesundheit tun können, das alles erfahren Sie auf den folgenden Seiten dieses Buches.

Guten Appetit und zugleich gute Gesundheit wünscht Ihnen Ihr

Prof. Hademar Bankhofer

Einleitung
Mit Omega-3 das Krankheitsrisiko senken

Wer gerne Fisch genießt und regelmäßig auf den Speiseplan setzt, wird natürlich wissen wollen, zu welchen Erkenntnissen die medizinische und ernährungswissenschaftliche Forschung im Laufe der Zeit gelangt ist. Es ist erstaunlich, auf welch vielfältige Weise sich Omega-3-Fettsäuren von Meeresfischen positiv auf unsere Gesundheit auswirken. Das Besondere daran ist, dass sie zum großen Teil auf direktem Wege und unverändert von den Körperzellen aufgenommen und in die Fette der Zellwände eingebaut werden. Auf diese Weise stehen sie den körpereigenen Zellen bei Bedarf zur Verfügung und können als Schutzstoffe genutzt werden. Bei den Omega-3-Fettsäuren in Pflanzen verhält es sich etwas anders: Sie müssen in der Leber aus der Alpha-Linolensäure in Eicosapentaensäure und Docosahexaensäure umgewandelt werden, wobei zwangsläufig Wirkstoffe verloren gehen.

Die Omega-3-Fettsäuren erfüllen im menschlichen Körper eine doppelte Funktion: Sie besitzen einerseits vorbeugende Wirkung, schützen die Gesundheit und stärken die Leistungsfähigkeit. Andererseits haben sie einen positiven, heilenden Einfluss bei Beschwerden und Krankheiten.

Mit Hering die Blutfettwerte senken

Wie schon erwähnt, haben Untersuchungen bei Eskimos ergeben, dass sie trotz fettreicher Ernährung signifikant niedrige Blutfettwerte aufweisen. Hohe Blutfettwerte wiederum gelten in der Medizin als gewichtige Risikofaktoren für Herzinfarkt und andere Herz-Kreislauf-Erkrankungen. Auch zu hohe Triglyceridwerte können nachgewiesenermaßen mit Omega-3-Fettsäuren um bis zu fünfzig Prozent gesenkt werden.

Lange Zeit war die Rolle von Triglyceriden in Bezug auf Herz-Kreislauf-Erkrankungen unter Wissenschaftlern umstritten. Inzwischen liegen Beweise vor, dass zu hohe Werte eine frühzeitige Arteriosklerose fördern. Interessant ist, dass die Bedeutung der Omega-3-Fettsäuren vor allem in einer Anhebung des Gehalts an gutem HDL-Cholesterin liegt, wodurch die schädliche Wirkung des gefährlichen LDL-Cholesterins reduziert wird.

Mit Makrelen den Blutdruck senken

Ein entscheidender Risikofaktor für Herz- und Kreislauf-Probleme ist der Bluthochdruck, der auch als „stiller Killer" bezeichnet wird. Die Medizin geht gegen dieses Leiden in der Regel mit blutdrucksenkenden Medikamenten vor. Man weiß aber speziell aus der Behandlung von schwangeren Frauen, die an Bluthochdruck leiden und keine Präparate einnehmen möchten, dass man mit einer Makrelen-Diät großen Erfolg haben kann. Die betroffenen Patientinnen müssen über einen längeren Zeitraum zweimal die Woche gebratene, gedämpfte oder gegrillte frische Makrele essen.

Die Omega-3-Fettsäuren der Makrele werden im menschlichen Organismus in sogenannte Reglerstoffe umgewandelt, die zu hohen Blutdruck senken können. Außerdem weiten sie die Blutgefäße und tragen so ebenfalls zu einer Senkung des Blutdrucks bei. Interessanterweise funktioniert dies auch mit Makrelenfilets aus der Dose, vorausgesetzt, man verzehrt drei Dosen wöchentlich. Gleichwohl bedeutet dies natürlich nicht, dass erhöhter Fischkonsum den Arzt ersetzen kann. Übrigens haben Mediziner festgestellt, dass eine Makrelen-Diät häufig die Wirkung von blutdrucksenkenden Medikamenten verstärken kann. Dieser Effekt wird noch gesteigert, wenn man den Fisch mit schonend gedämpftem Gemüse kombiniert, das den Mineralstoff Kalium liefert. Auch Kalium senkt einen erhöhten Blutdruck. Durch solch eine gesunde Kost kann ebenfalls der Prozess der Arteriosklerose verzögert werden.

So wirkt Meeresfisch günstig auf den Kreislauf

Durchblutungsstörungen – sehr oft verbunden mit einer unregelmäßigen Herzschlagfolge – sind sehr verbreitet. Selbst junge Menschen können schon darunter leiden. Auch bei diesen Störungen wirken sich Omega-3-Fettsäuren günstig aus, da aus ihnen das Gewebshormon Prostaglandin erzeugt wird, das die Gefäße erweitert. Zudem wird das Blut flüssiger und kann so optimal durch die feinen, dünnen Blutgefäße – die sogenannten Kapillaren – fließen. Schließlich werden die roten Blutkörperchen leichter verformbar und elastischer, sodass sie die Blutgefäße besser passieren können. Zwar dauert es eine Weile, bis es bei regelmäßigem Fischkonsum zu diesen Wirkungen kommt, doch dafür hält der Effekt dann auch lange an.

Fischverzehr verzögert die Blutgerinnung

Als die Wikinger vor etwa tausend Jahren mit den Bewohnern Grönlands Kämpfe ausfochten, bemerkten sie laut alten Aufzeichnungen, dass die Eskimos nach einer Verwundung auffallend lange bluteten. Den Grund dafür fanden dänische Wissenschaftler bei Expeditionen in den siebziger Jahren heraus: Die Omega-3-Fettsäuren im Fisch nehmen den Blutplättchen ihre Klebrigkeit und führen im Falle von Verletzungen zu verlängerten Blutungen. Diesem Nachteil steht der Vorteil gegenüber, dass auf diese Weise einer frühzeitigen Arteriosklerose vorgebeugt werden kann.

Amerikanische Ärzte betonen, dass selbst dann, wenn ein Patient bereits an Arterienverkalkung leidet, durch das besonders flüssige Blut der Gefahr einer Thrombose vorgebeugt werden kann. Durch den Einfluss von Omega-3-Fettsäuren gelangt das Blut bis in die feinsten Blutgefäße. Man spricht dann von einer verbesserten Mikrozirkulation.

Gefährliche Stressfolgen werden reduziert

Stressforscher bezeichnen den Einfluss von Omega-3-Fettsäuren auf die üblichen Stressfolgen als medizinisch günstig. Dazu muss man erst einmal wissen, dass es zwei Formen von Stress gibt: den Eustress und den Disstress. Der Eustress macht uns kreativ, gibt uns Mut und fördert unsere Leistungsfähigkeit. Der Disstress dagegen stellt sich dann ein, wenn das, was wir tun, eine Belastung für uns darstellt. Permanenter Stress – das haben Studien der letzten Jahre ergeben – ist weitaus gefährlicher, als man ursprünglich angenommen hat. Er führt nicht nur zu Magen- und Darmbeschwerden, zu Kopfschmerzen und Schlafstörungen, sondern kann auch Depressionen, das Burnout-Syndrom und Diabetes auslösen. Außerdem kann er zu Herzinfarkt und diversen Herz-Kreislauf-Erkrankungen führen.

Auf Stresssituationen reagiert unser Körper mit verschiedenen chemischen Veränderungen: Die Kreislaufhormone Adrenalin und Noradrenalin werden vermehrt ausgeschüttet, der Blutdruck steigt, die Pulsfrequenz erhöht sich. Hier nun zeigt sich die positive Wirkung der Omega-3-Fettsäuren. Sie bremsen die erhöhte Ausschüttung der Kreislaufhormone und bewirken, dass Stress keine so negativen Folgen für unseren Organismus hat. Mitunter geschieht etwas Faszinierendes: Disstress wird in Eustress umgewandelt. In der Praxis sieht das so aus: Menschen, die sich regelmäßig von Meeresfisch ernähren, fühlen sich nicht so stark gestresst. Sie können mit Druck und Belastungen besser umgehen. Zudem kann man bei Fischkonsumenten eine erhöhte Reaktionsfähigkeit feststellen.

Meeresfisch kann vor Herzinfarkt schützen

Omega-3-Fettsäuren stellen einen ernst zu nehmenden Schutz vor Herzinfarkt dar. Eskimos haben ja im Vergleich zu anderen Bevölkerungsgruppen eine weitaus geringere Herzinfarktrate. Wenn allerdings Eskimos aus Grönland in eine dänische Großstadt übersiedeln und die dort üblichen Essgewohnheiten annehmen, dann steigt auch bei ihnen, wie Untersuchungen gezeigt haben, das Risiko für einen Herzinfarkt. Es handelt sich folglich eindeutig um eine Frage der Ernährung und nicht der Gene.

Doch muss man nicht immer die Eskimos als Beispiel anführen. Eine andere Bevölkerungsgruppe, die sich fischreich ernährt und ebenfalls kaum Herzinfarkte aufweist, sind die Japaner. Und auch in unseren Breitengraden wurden überzeugende Studien durchgeführt, so beispielsweise in der niederländischen Stadt Zutphen. Dort standen mehr als achthundert Männer über zwanzig Jahre lang unter medizinischer Beobachtung. Diejenigen, die zwei bis drei Fischmahlzeiten pro Woche zu sich nahmen, hatten eine um bis zu fünfzig Prozent niedrigere Herzinfarktrate im Vergleich zu jenen Männern, die keinen Fisch konsumierten. Für uns Mitteleuropäer ist es also ebenso empfehlenswert, zum Schutz vor Herzinfarkt regelmäßig Fisch zu essen. Auch nach einem erfolgten Herzinfarkt ist es wichtig, Fisch auf den Speiseplan zu setzen, wie eine Studie in Großbritannien gezeigt hat. Die Gefahr für einen weiteren Infarkt wird entscheidend reduziert, und die Betroffenen werden viel schneller wieder vital und fit.

Omega-3-Fettsäuren bekämpfen Entzündungen

Der Verzehr von Fisch verbessert auch die Lebensqualität von Rheumapatienten. Diese Entdeckung machten Ärzte und Wissenschaftler vor nicht allzu langer Zeit. Die Omega-3-Fettsäuren reduzieren im Körper die chemische Substanz Leukotrien B4, die bei Entzündungen verstärkt auftritt. Omega-3 sorgt dafür, dass Schmerzen abgebaut werden. Dies gilt insbesondere für die Rheumatoide Arthritis, aber auch für andere Rheumaarten wie Arthrosen, die zwar aufgrund von Abnutzung entstehen, aber sehr oft von Entzündungen begleitet werden.

Da es auch bei Neurodermitis und Schuppenflechte in den meisten Fällen zu Entzündungsvorgängen kommt, kann die Zufuhr von Omega-3-Fettsäuren hier ebenfalls Wirkung zeigen. Auch Rheuma, Psoriasis und Neurodermitis treten bei Eskimos und Japanern nicht so häufig auf wie in Bevölkerungsgruppen, die relativ wenig oder gar keinen Fisch essen.

Besonders wichtig bei der Zufuhr von Omega-3-Fettsäuren sind zwei Tatsachen: Fisch schmeckt gut, ist sehr bekömmlich und leicht verdaulich. Allerdings ist Fischkonsum nicht für eine Akutbehandlung geeignet, denn Omega-3-Fettsäuren wirken nur auf lange Sicht.

Omega-3-Fettsäuren haben wichtige „Verwandte"

Bislang war einzig von den Omega-3-Fettsäuren die Rede. Doch diese entfalten ihre Wirkungen nicht allein im Körper, sondern brauchen auch ein entsprechendes Umfeld.

Die meisten von uns kennen Omega-3-Fettsäuren ausschließlich vom Meeresfisch. Doch wie schon erwähnt, sind sie auch Bestandteil diverser Pflanzenöle. Diese enthalten außerdem Omega-6-Fettsäuren und Omega-9-Fettsäuren. Und jetzt kommt das Entscheidende: Wer gesund leben möchte, braucht aus ganz bestimmten Ölen oder aus der Kombination mehrerer Öle ein spezielles Verhältnis aller drei Omega-Fettsäuren. Im Folgenden werden sie genauer vorgestellt:

- Die Omega-3-Fettsäuren sind wichtig für den Aufbau all unserer Zellen, vor allem denen des Gehirns. Sie stärken die Sehkraft, sind an der Produktion von Hormonen beteiligt, unterbinden Entzündungen, stärken das Herz und wirken sich positiv auf Blutdruck, Cholesterin und Triglyceride aus. Die bekannteste Omega-3-Fettsäure in Pflanzen ist das Alpha-Linolen. Man findet es zum Beispiel in Leinöl, Walnussöl, Weizenkeimöl, Hanf- und Rapsöl, aber auch in Kürbiskernen.

- Die Omega-6-Fettsäuren sind ebenfalls wichtig, werden aber heutzutage in zu großen Mengen konsumiert. Wir verzehren normalerweise zwanzigmal mehr Omega-6 als Omega-3. Diese einseitige Versorgung ist der Gesundheit nicht förderlich. Als optimal gilt ein Verhältnis von 5 zu 1. Zu den Omega-6-Fettsäuren gehören die Arachidonsäure, Linolsäure und Gamma-Linolensäure. Die Linolsäure ist in Sonnenblumenöl, Distelöl, Sojaöl, Kürbiskernöl, Maiskeim- und Weizenkeimöl enthalten. Omega-6-Fettsäuren sollten möglichst immer mit Omega-3-Fettsäuren kombiniert werden.

- Die Omega-9-Fettsäuren liefern uns die wertvolle Ölsäure, die sich sehr positiv auf Herz und Gefäße auswirkt. Die besten Quellen für Omega-9-Fettsäuren sind Haselnuss-, Mandel-, Oliven- und Rapsöl, aber auch Traubenkernöl, Palmöl und kalt gepresstes natives Erdnussöl.

Beim gesunden Fett aus Pflanzen kommt es also nicht allein auf die Menge und Qualität an, sondern auch auf die harmonische Balance zwischen den wichtigsten Fettsäuren Omega-3, Omega-6 und Omega-9. Der Körper benötigt jede von ihnen, jedoch in unterschiedlichen Mengen. Ein vorbildliches Fettsäure-Profil weist das Hanföl auf. Das bedeutet jedoch nicht, dass man ausschließlich Hanföl verwenden und Maiskeim- oder Sonnenblumenöl wegen des hohen Omega-6-Gehaltes meiden sollte. Wichtig ist nur, dass man für einen Ausgleich sorgt, beim Öl Abwechslung sucht und vor allem Omega-3-Fettsäuren immer mit einplant. Ideal ist zum Beispiel, wenn man in der Ernährung Leinöl, Rapsöl, Hanföl, Olivenöl und Sesamöl einsetzt. Damit erreicht man eine ideale Fettbilanz. Eine andere sehr gute Kombination besteht aus Haselnussöl, Weizenkeimöl, Mandelöl, Leinöl und Hanföl.

Einige Dinge sollte man beim Umgang und der Verwendung von Pflanzenölen beachten. Jedes Öl eignet sich für kalte Zubereitungen. Für warme Speisen sollte man in erster Linie kalt gepresstes Rapsöl verwenden, weil es hitzebeständig ist. Bei den anderen Ölen wie etwa beim Olivenöl muss man darauf achten, dass es nicht zu rauchen beginnt, da bei zu hoher Hitze Schadstoffe entstehen. Wer die Omega-Fettsäuren optimal nutzen möchte, sollte keine großen Ölvorräte anlegen. Kaufen Sie kleine Mengen von vielen Sorten, damit Sie in der Küche eine reiche Auswahl haben. Apropos kleine Mengen: Gehen Sie bescheiden mit Leinöl um, da der Geschmack etwas gewöhnungsbedürftig ist.

Öle werden am besten in dunklen Glasflaschen lichtgeschützt und an einem kühlen Ort aufbewahrt.

Der Cocktail fürs Herz und gegen Arteriosklerose

Wer sein Herz und damit den gesamten Kreislauf mit pflanzlichem Omega-3 stärken und eine frühzeitige Arteriosklerose bremsen möchte, kann dies mit einem speziellen Cocktail tun, der von Ärzten und Ernährungswissenschaftlern empfohlen wird. Mit diesem Getränk nimmt man nicht nur wertvolle Vitamine, Mineralstoffe, Spurenelemente und Bioaktivstoffe auf, sondern versorgt sich auch mit der wertvollen Alpha-Linolensäure aus der Omega-3-Familie.

Hier das Rezept: ¼ l Tomatensaft mit 2 bis 3 Esslöffeln Leinöl und 1 Esslöffel Limonensaft gut verrühren. Langsam in kleinen Schlucken trinken. Ratsam ist eine 14-tägige Kur, während der man den schmackhaften Cocktail jeden Morgen trinkt.

Omega-3-Fettsäuren aus Fisch sind am wertvollsten

Hauptlieferanten für Omega-3-Fettsäuren sind fette Meeresfische wie Hering, Lachs, Makrele, Thunfisch, Heilbutt und Sardine. In geringerem Maße sind sie auch in Miesmuscheln und Garnelen enthalten. Nur wenige wissen, dass auch Schnecken reichlich Omega-3-Fettsäuren für die Herzgesundheit liefern. 100 Gramm Schnecken decken mit 2 Gramm Omega-3-Fettsäuren den täglichen Bedarf. Außerdem versorgen wir uns durch den Verzehr von Schnecken mit hochwertigem Eiweiß.

Pflanzliche Omega-3-Lieferanten haben im Vergleich zum Fisch eine geringere Bedeutung, weil wir nur kleine Mengen davon aufnehmen und verwerten können. Im Handel werden außerdem spezielle Nahrungsmittel mit Omega-3 angeboten: Eier und Brötchen. Bei den Brötchen wird dem Teig in den meisten Fällen Leinöl zugesetzt. Für die Eier wiederum wird das Futter der Hühner mit Leinsamen angereichert. Die gesundheitsfördernde Wirkung dieser Lebensmittel ist allerdings geringer als die von Meeresfisch. Außerdem wurden sämtliche Studien, welche den heilsamen Effekt von Omega-3 nachgewiesen haben, mit fettem Fisch durchgeführt.

Abgesehen davon sind pflanzliche Omega-3-Fettsäuren sehr empfindlich. Leinöl, Hanföl sowie bereits gemahlener Leinsamen sollten lichtgeschützt im Kühlschrank aufbewahrt werden, da sie andernfalls recht schnell ihre Wirkung verlieren. Man darf diese pflanzlichen Lieferanten auch nicht zum Kochen und Braten verwenden, weil der Omega-3-Gehalt bei hohen Temperaturen zerstört wird. Daher sollte man diese Öle besser immer erst kurz vor dem Servieren dem Gericht beifügen.

Bei fettem Fisch hat man dieses Problem nicht. Ob im Backofen, in der Pfanne, ob gegrillt oder gedämpft: Der Gehalt an Omega-3-Fettsäuren wird nicht beeinträchtigt. Man muss den Fisch also nicht roh essen. Wer kein Sushi mag, kann davon ausgehen, dass auch der erhitzte Fisch die gleiche wertvolle Omega-3-Quelle darstellt.

Einige Worte zum Thema Fisch

Warum ist Fisch so schnell verderblich? Der hohe Wassergehalt und das lockere Gewebe sowie Bakterien, die sich auch in der Kälte entwickeln und den Fisch besiedeln, begünstigen die rasche Zersetzung. Daher kann es leicht zu einer Fischvergiftung kommen.

Beim Kauf von frischem Fisch sollte man unbedingt darauf achten, dass die Augen glänzen, die Kiemen hellrot sind und die Schuppen fest anliegen und glänzen. Das Fleisch muss elastisch sein. Wenn man mit dem Finger leicht darauf drückt, sollte die Delle sofort wieder zurückgehen. Frischer Fisch darf nicht nach Fisch riechen, sondern nur nach Meereswasser.

Oft taucht die Frage auf, wie es sich denn mit der Schadstoffbelastung der Meere verhält. Tankerkatastrophen, verschmutzte Gewässer und Gifte bereiten vielen Menschen Sorge. Kadmium, Arsen, Blei, Dioxine und Quecksilber belasten viele Teile der Weltmeere. Je älter ein Fisch ist, desto höher ist der Schadstoffgehalt in seinem Körper. Besonders betroffen sind Fische, die an der Küste leben oder sich ganz unten am Meeresgrund bewegen. Raubfische sind weitaus mehr belastet als pflanzenfressende Fische. Die Industrie unternimmt einige Anstrengungen, um dem Konsumenten erstklassige Ware zu liefern. Die Schwermetallbelastung wird mit einem speziellen Programm in Chemielabors ermittelt. Durch Histamintests kann verdorbene Ware rechtzeitig aufgespürt werden. Mit Pilzkulturen sucht man nach Keimen. Das bedeutet: Fisch, der im Handel angeboten wird, ist strengstens geprüft. Grundsätzlich kann man sagen: Bei vielen Fischen sind die Giftstoffanteile so gering, dass die positiven Eigenschaften die Gefahr einer Belastung bei Weitem übertreffen. Lachs zum Beispiel enthält extrem wenig Schadstoffe.

Die wenigsten Fische, die in Deutschland, Österreich und der Schweiz verzehrt werden, kommen aus Deutschland. Ein Großteil stammt aus norwegischen Gewässern und aus Meeren, die außerhalb der Zivilisation liegen: aus dem Ochotskischen Meer zwischen Russland und Japan, der Bering-See sowie aus dem Nordpazifik und dem Südatlantik. Dies sind noch saubere Gewässer.

Tiefgekühlter Fisch hat einen höheren Stellenwert, als mancher denken mag. Nur 15 Prozent der gefangenen Fische werden als Frischfisch verkauft. 29 Prozent kommen als Konserven in den Handel, 10 Prozent als pikante Fischspezialitäten wie Gabelroller, Aspik-Heringe oder Matjes, und 25 Prozent werden über die Tiefkühltruhe angeboten. Und diese Variante ist im Grunde die frischeste von allen. Der Beweis: Er riecht nicht nach Fisch, wenn man die Packung öffnet. Tiefgekühlter Fisch kommt aus einer schwimmenden Fabrik geradewegs zu uns. So werden beispielsweise Alaska-Seelachse aus dem Ochotskischen Meer an Bord des Fangschiffes sofort ausgenommen, zerlegt, entgrätet, filetiert und tiefgekühlt. Von dort gelangt der Fisch in einer lückenlosen Tiefkühlkette bis in den Laden oder er wird von speziellen Firmen direkt ins Haus und das Tiefkühlfach geliefert. Frischer Fisch ist dagegen unter Umständen ein paar Tage unterwegs, bis er den Verbraucher erreicht.

Tiefkühlfisch muss man – wenn er nicht zu groß ist – nicht auftauen. Man kann ihn in Alufolie garen, frittieren, dünsten, im Sud gar ziehen lassen, braten, panieren oder grillen. Beim Kauf sollte man aber auf jeden Fall auf das Haltbarkeitsdatum achten.

Nun haben Sie viel Wissenswertes über Omega-3-Fettsäuren und ihre erstaunliche Wirkung auf die Gesundheit des Menschen erfahren. Sie werden aus dieser Sicht vermutlich so manches Gericht mit anderen Augen betrachten. Im Grunde ist jedes der folgenden Rezepte von Louise Rivard nicht allein als Gaumenfreude, sondern auch als kleine Naturarznei zu betrachten. In diesem Sinn wünsche ich Ihnen viel Freude beim Lesen und beim Zubereiten der Speisen und danach viel gesunden Genuss.

Häppchen
und Vorspeisen

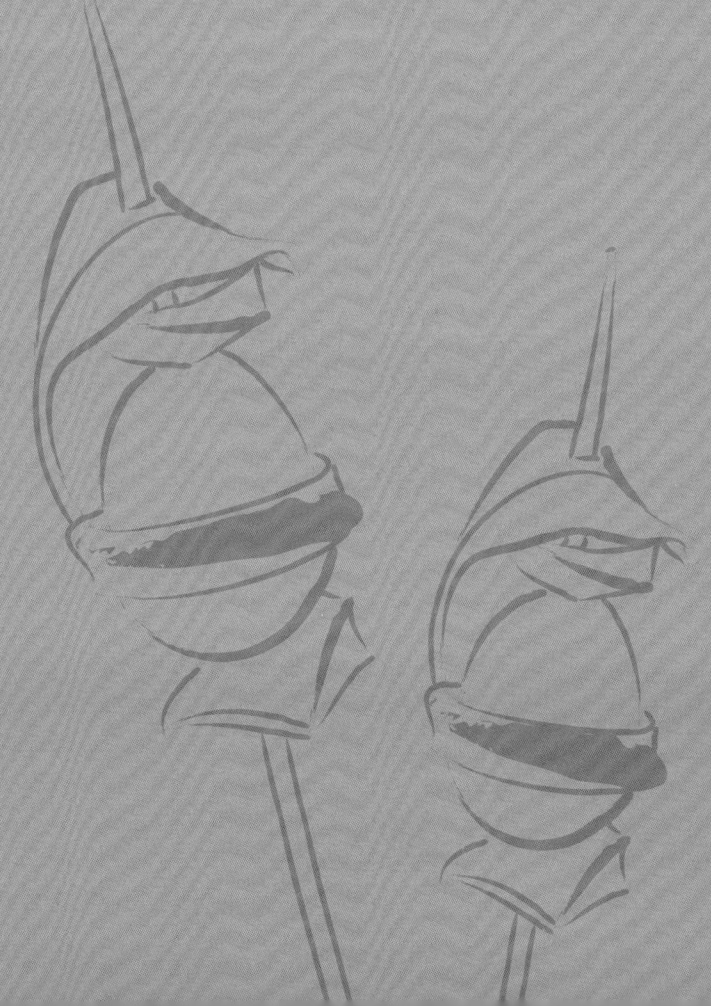

Mallorquinische Minipizza

2 Portionen
(12 Pizzen à 7 cm oder 1 Pizza à 30 cm)

Hausgemachter Pizzateig

125 ml fettarme Milch, lauwarm
2 EL Raps- oder Sojaöl
500 g Weizenvollkornmehl
1 Tütchen Trockenhefe
½ TL Salz

Belag

1 TL Olivenöl
1 rote Zwiebel, in feine Ringe geschnitten
1 rote Paprika, in Würfel geschnitten
2 gehackte Knoblauchzehen
375 g Kirschtomaten
1 EL spanischer Rotwein
35 g Räucherlachs, in Würfel geschnitten
250 g gehackter Spinat
2 EL gehackte Petersilie
3 EL geriebener Manchego oder Parmesan
3 EL Pinien-, Walnusskerne oder geschälte Hanfsamen
2 EL zerstoßene Leinsamen
Oliven- oder Hanföl (nach Bedarf)

Für den Teig Milch und Öl in einem Topf erwärmen. Mehl in eine Rührschüssel geben und sorgfältig mit der Hefe und dem Salz vermischen. In die Mitte des Mehls eine Mulde drücken. Nach und nach die Milch hineingießen und von der Mitte nach außen mit den Knethaken des Handrührgeräts einen glatten Teig kneten. Den Teig in der Schüssel mit einem Küchentuch zugedeckt an einem warmen Ort so lange gehen lassen, bis er sich ungefähr verdoppelt hat. Backofen auf 220 °C vorheizen. Den Teig noch einmal kurz auf einer bemehlten Arbeitsfläche mit der Hand kneten und ca. 3 mm dick ausrollen. 12 Teigkreise von ca. 7 cm Durchmesser oder einen Kreis von 30 cm ausstechen und auf ein mit Backpapier ausgelegtes Backblech legen. Noch einmal zugedeckt kurz gehen lassen.

Belag

Zwiebelringe und Paprikawürfel in Olivenöl anbraten. Knoblauch und Kirschtomaten (ganz) hinzufügen. Rotwein darübergeben und das Ganze bei niedriger Temperatur zwei Minuten lang unter Rühren köcheln lassen. Bei Bedarf etwas Öl hinzugeben. Von der Herdplatte nehmen und abkühlen lassen. Räucherlachs und Spinat unterrühren. Den Belag auf die Teigkreise verteilen, mit Petersilie und Käse bestreuen und mit Kernen oder Samen garnieren. Im Backofen auf der untersten Schiene ca. 10 Minuten backen, bis die Ränder goldbraun sind. Vor dem Servieren mit Leinsamen bestreuen und mit etwas Öl beträufeln. Heiß oder lauwarm servieren.

Frühlingsrollen
mit Pesto

4 Portionen

| 2 gehackte Sardellenfilets |
| 2 Selleriestangen |
| 1 mittelgroße Karotte |
| 1 kleine Gurke |
| 4 Tomaten |
| 8 getrocknete Tomatenhälften in Öl |
| 1 TL Rapsöl |
| Knoblauchblüte (Feinkostladen) |
| Manchego oder Parmesan |
| 8 Blätter Reispapier |
| 8 Scheiben (75 g) Räucherlachs |

Omega-3-Pesto

| 1 Bund Basilikum |
| 1 Bund glatte Petersilie |
| 2 Knoblauchzehen |
| 3 EL Walnüsse oder Hanfsamen |
| 3 EL Parmesan |
| 5 EL Olivenöl |
| 5 EL Walnussöl |

Die Sardellen 15 Minuten wässern. Sellerie, Karotte und Gurke in Scheiben schneiden. Tomaten halbieren und die Kerne entfernen. Tomatenhälften, getrocknete Tomaten und Sardellen in Würfel schneiden und in eine Salatschüssel geben. Mit einem Spritzer Rapsöl und Knoblauchblüte abschmecken und den Käse hinzufügen. Reispapier in lauwarmem Wasser einweichen, dann vorsichtig mit Küchenpapier abtupfen. Jeweils ein Blatt Reispapier mit der Tomatenmischung belegen. Den Räucherlachs und das Gemüse nach Geschmack darüber verteilen. Das Reispapier einrollen, wobei die Enden je nach Bedarf offen bleiben oder geschlossen werden können. In heißem Öl frittiert oder als Rohkost servieren. Auf einem Gemüsebett mit dem Pesto anrichten.
Für das Pesto alle Zutaten bis auf das Öl mit dem Pürierstab pürieren. Nach und nach ein wenig Öl hinzufügen. (In einem luftdichten Behälter im Kühlschrank aufbewahren.)

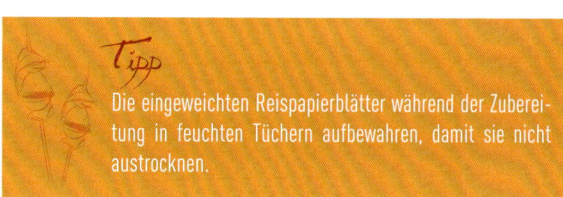

Tipp
Die eingeweichten Reispapierblätter während der Zubereitung in feuchten Tüchern aufbewahren, damit sie nicht austrocknen.

Mexikanischer Thunfischsalat
auf Chicorée

4 Portionen

90 g Thunfisch aus der Dose	1 TL Hanföl
1/2 Avocado	2 EL frischer Koriander, gehackt
1 Tomate	160 ml fettarmer Joghurt
1 gelbe Paprika	1 TL Dijon-Senf
1 EL gehackte Zwiebel	1 TL Limettensaft
1 TL gehackte Jalapeño-Chilis	2 Chicorée
	Salz und Pfeffer

Den Thunfisch abtropfen lassen. Das Gemüse in Würfel schneiden und in eine kleine Schüssel geben. Hanföl und gehackten Koriander hinzufügen und alles gut vermengen. Zur Seite stellen. Joghurt, Senf und Limettensaft mit dem Thunfisch mischen und würzen. Die Chicoréeblätter waschen und trocken tupfen. Jeweils 1 Teelöffel Thunfischcreme auf ein Chicoréeblatt geben. Gemüse hinzufügen und nach Geschmack mit frischen Kräutern garnieren.

Frühlingsrollen mit Pesto

Gefüllte Teppichmuscheln
mit Räucherlachs

4–6 Portionen

24 Teppichmuscheln (Palourdes)
500 ml Wasser
125 ml trockener Weißwein (optional)
1 kleine rote Zwiebel, gehackt
1 Lorbeerblatt
1 TL Olivenöl
2 EL gehackte Petersilie
1 gehäufter EL Mehl
2 EL gehackter Räucherlachs
2 Omega-3-Eigelb, verquirlt
Salz und Pfeffer
1 Prise Cayennepfeffer (optional)
Paniermehl

Coulis von gegrillten Paprika

2 rote Paprika
200 ml Hühner- oder Gemüsebrühe
Salz und Pfeffer

Die Teppichmuscheln putzen. In einem zugedeckten Topf in Wasser und Weißwein gar kochen. Geschlossene Muscheln wegwerfen. Muschelschalen entfernen und aufbewahren, da sie später für die Füllung benötigt werden. Das Muschelfleisch klein schneiden. Die Zwiebel mit dem Lorbeerblatt in Olivenöl anbraten. Von der Herdplatte nehmen. Petersilie hinzufügen und Mehl darüberstreuen. Etwas Muschelsud angießen und das Mehl darin gut verrühren, restlichen Sud hinzugeben. Muscheln, Räucherlachs und verquirltes Eigelb hinzufügen. Würzen. Den Backofen auf Grillfunktion vorheizen. Die Füllung löffelweise in die Muschelschalen geben. Mit Paniermehl bestreuen und im Backofen grillen, bis sie goldbraun sind. Mit dem Paprikacoulis servieren.

Für das Coulis die roten Paprika halbieren und im Backofen grillen. Abkühlen lassen. Die Haut abziehen. Paprika in Streifen schneiden. Mit dem Pürierstab zusammen mit der Brühe pürieren, bis die gewünschte Konsistenz, Püree oder Sauce, erreicht ist. Mit Salz und Pfeffer abschmecken und lauwarm zu den gefüllten Muscheln servieren.

Gefüllte Teppichmuscheln mit Räucherlachs

Häppchen und Vorspeisen

Wachteleier-Spieße
mit Räucherforelle

4 Portionen

- 24 Wachteleier
- 150 g Räucherforelle
- ½ grüne und ½ rote Paprika
- 1 TL Rapsöl
- einige Blättchen Feldsalat oder Rucola
- 12 Holzspieße

Die Wachteleier kochen und pellen. Die Räucherforelle in Streifen schneiden und jedes Ei mit einem Streifen Forelle umwickeln. Paprika in kleine Stücke schneiden, einige Minuten in heißem Rapsöl schwenken und auf die Holzspieße stecken. Dann die umwickelten Wachteleier und ein weiteres Stück Paprika aufspießen. Feldsalat- oder Rucolablätter zuletzt aufstecken oder die Wachteleier-Spieße auf einem mit Salat garnierten Teller servieren.

Tipp
Probieren Sie anstatt Forelle geräucherte Ente oder Putenbrust für dieses Gericht.

Frittierte Sardinen-Küchlein
pikant

6 Portionen

- 1 Zwiebel
- 150 g Sardinenfilet
- 1 TL frischer Oregano
- 1 Prise Salz
- ½ TL scharfe Gewürzpaste (Harissa, Feinkostladen)
- 1 TL Senfpulver (optional)
- 1 EL natives Olivenöl extra
- Rapsöl zum Frittieren
- 3 Omega-3-Eier
- 180 g Weizen-, Dinkel- oder Kamutmehl
- 180 g Paniermehl
- 2 EL zerstoßene Leinsamen
- 2 EL gehackte Walnusskerne
- Salz und Pfeffer

Tomatensauce

- 1 EL gemahlene Lein- oder Hanfsamen
- 1 EL natives Olivenöl extra
- 1 EL Rapsöl
- 1 TL Hanföl oder ½ TL Leinöl
- 250 ml passierte Tomaten aus der Dose
- 1 EL Meerrettich aus dem Glas oder Dijon-Senf
- Salz und frisch gemahlener schwarzer Pfeffer

Die Zwiebel fein hacken. Sardinen, Oregano, 1 Prise Salz, Gewürzpaste und Senfpulver hinzufügen und mit einem Spritzer Olivenöl mit dem Pürierstab zu einer cremigen Masse pürieren. Rapsöl in der Pfanne oder Friteuse erhitzen. Aus dem Teig kleine Küchlein formen. Eier verquirlen. Mehl, Paniermehl, Leinsamen und Walnusskerne vermischen. Mit Salz und Pfeffer würzen. Die Küchlein zuerst in der Eimasse wenden und dann in der Mehlmischung panieren. Mehrere Küchlein gleichzeitig ca. 3 Minuten lang frittieren. Vor dem Anrichten auf Küchenkrepp abtropfen lassen. Mit Alufolie bedecken.

Für die Tomatensauce alle Zutaten miteinander vermischen. Die kalte Sauce zu den warmen Sardinen-Küchlein servieren.

Wachteleier-Spieße mit Räucherforelle

Häppchen und Vorspeisen 21

Meeresfrüchte-Häppchen

4–6 Portionen

350 g Meeresfrüchte (Calamari, Garnelen, Krebse, Tintenfisch und Miesmuscheln)
125 ml trockener Weißwein
1 rote Paprika
1 gelbe Paprika
1 rote Zwiebel
Zitronenschnitze

Marinade

60 ml Olivenöl
60 ml Rapsöl
1 TL Zitronensaft
1 TL Limettensaft
2 EL weißer Balsamico
¼ TL Honig (optional)
Salz und frisch gemahlener schwarzer Pfeffer

Calamari in Ringe, Tintenfisch in mundgerechte Stücke schneiden. Die Meeresfrüchte in Weißwein pochieren. Abkühlen lassen. Das Gemüse in feine Streifen schneiden. Die Zutaten für die Marinade in eine Schüssel geben, mit dem Schneebesen gut verrühren und abschmecken.
Die Meeresfrüchte hinzufügen und vorsichtig in der Marinade wenden, bis sie ganz davon bedeckt sind. Mit Frischhaltefolie abdecken und 7 bis 8 Stunden im Kühlschrank ziehen lassen. Kalt mit den Zitronenschnitzen servieren.

Tipp
Wenn es schnell gehen soll, können Sie bereits vorgekochte tiefgefrorene Meeresfrüchte verwenden. Den Wein erhitzen und die tiefgefrorenen Meeresfrüchte 1 Minute darin pochieren.

Scampi-Cocktail

6 Portionen

6 Langustenschwänze à 40 g
60 ml Wasser
1 gehackte Schalotte
1 kleine Knoblauchzehe
1 EL Olivenöl
1 TL Rapsöl
1 EL gehackte Petersilie
1 EL frischer Koriander, gehackt
2 EL geriebener Manchego oder Parmesan

Sauce

125 ml Tomatenstücke aus der Dose
1 TL Tomatenmark
Tabasco (nach Geschmack)
1 kleine rote Paprika, gegrillt
1 EL Weinessig

Die Langustenschwänze kochen. Das Fleisch vorsichtig auslösen, sodass die Panzer nicht beschädigt werden. Das Fleisch in Würfel schneiden. In einem großen Kochtopf Wasser zum Kochen bringen und die gesäuberten Panzer einige Minuten darin auskochen. Abtropfen lassen und zur Seite stellen. Für die Sauce alle Zutaten mischen und bei mittlerer Hitze aufkochen lassen. Zwiebel und Knoblauch in Oliven- und Rapsöl anschwitzen und die Langustenwürfel darin anbraten. Ausreichend Sauce angießen, damit die Langustenwürfel darin bei schwacher Hitze gar köcheln können. Die frischen Kräuter einrühren und die Sauce mit einem Löffel in die Langustenpanzer füllen. Heiß mit der restlichen Sauce und geriebenem Käse servieren.

Meeresfrüchte-Häppchen

Häppchen und Vorspeisen

Spinatröllchen
andalusische Art

4–6 Portionen

- 4 Omega-3-Eier
- 250 g frischer Blattspinat
- 2 Scheiben Vollkornbrot, in Würfel geschnitten
- Raps- oder Sojaöl
- 2 gehackte Knoblauchzehen
- 1 Prise Cayennepfeffer
- 1 Prise Kreuzkümmel
- 2 EL Kerne (Kürbis-, Walnusskerne, Hanfsamen)
- 125 g gekochte Kichererbsen
- 10 Brickteigblätter
- 1 Omega-3-Eigelb
- Salz und frisch gemahlener schwarzer Pfeffer

Eier kochen und pellen. Spinatstiele entfernen und den Spinat 2 Minuten blanchieren. Mit kaltem Wasser abschrecken und auf ein feuchtes Tuch legen. Die Brotwürfel mit Raps- bzw. Sojaöl beträufeln und in einer beschichteten Pfanne mit dem Knoblauch anrösten. Bei Bedarf Öl hinzufügen. Zur Seite stellen. Die Eier in kleine Stücke schneiden und in eine Schüssel geben. Mit einer Prise Cayennepfeffer und einer Prise Kreuzkümmel abschmecken. Die Kerne hacken und mit den Samen und den Eiern vermischen. Brot und Kichererbsen unterheben. Mit Salz und Pfeffer abschmecken. Die Brickteigblätter in je zwei Dreiecke schneiden. Auf ein mit Öl eingefettetes Backblech legen. Einen Löffel Füllung über eine Längsseite jedes Teigdreiecks verteilen, ein Blatt Spinat darauflegen und die Dreiecke aufrollen. Die Enden mit Küchengarn verschließen. Die Rollen mit Eigelb bepinseln und 8 bis 10 Minuten im vorgeheizten Backofen bei 190 °C goldbraun backen. Das Küchengarn entfernen und die Röllchen lauwarm servieren.

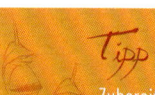

Tipp
Zubereitungsvariante: Den Teig in eingefettete Souffléförmchen drücken, die Füllung hineingeben und die goldbraun gebackenen Törtchen mit Tomatensauce (s. Rezept S. 20) servieren.

Champignons
mariniert

4–6 Portionen

- 18–20 Perlzwiebeln
- 250 g Champignons
- Rapsöl zum Braten
- Kräuter nach Wahl (Rosmarin, Thymian, Oregano, Kerbel)
- Chilipulver, grüner und rosa Pfeffer, 1 Lorbeerblatt

Marinade

- 60 ml Walnussöl
- 125–200 ml natives Olivenöl extra
- 1 EL Balsamico oder Weinessig
- 1 EL Zitronensaft
- 2–3 Knoblauchzehen

Zwiebeln in kochendem Salzwasser 2 bis 3 Minuten blanchieren. Unter kaltem Wasser abschrecken. Zur Seite stellen. Champignons in Scheiben schneiden. Etwas Rapsöl in einer beschichteten Pfanne erhitzen und die Champignons kurz darin anbraten, aber nicht trocken werden lassen. Kräuter und Gewürze hinzufügen und verrühren. Zum Schluss etwas Öl auf die Champignons träufeln. Zwiebeln und Champignons in eine Schüssel geben. Aus Essig, Öl und Zitronensaft eine Marinade rühren. Knoblauch nach Geschmack hinzufügen. Die Champignons über Nacht in der Kräutermarinade ziehen lassen. In Schälchen mit kleinen Spießen anrichten. Gekühlt oder bei Zimmertemperatur servieren.

Spanische Fleischbällchen

8–10 Portionen

1 kg mageres Rinderhackfleisch
2 gehackte Zwiebeln
2–3 gepresste Knoblauchzehen
1 verquirltes Omega-3-Ei
3 EL gemahlene Walnusskerne
1 EL Rosenpaprika
1½ EL Kreuzkümmel
½ TL Zimt
4 EL gehackte Petersilie
Salz und schwarzer Pfeffer aus der Mühle

Sauce

3 EL Olivenöl
1½ EL Fenchelsamen
100 ml trockener Weißwein
1 EL Anislikör (Pastis, optional)
875 g Tomatenstücke aus der Dose
Salz und schwarzer Pfeffer aus der Mühle

Für die Fleischbällchen alle Zutaten in einer Schüssel mit dem Hackfleisch vermengen. Mit der Hand walnussgroße Bällchen formen. Zur Seite stellen. Für die Sauce das Olivenöl in einer Pfanne erhitzen. Die Fenchelsamen unter ständigem Rühren anbraten. Wein und Anislikör angießen und verkochen lassen. Die Tomaten hinzufügen. Das Ganze mit Salz und Pfeffer würzen und zugedeckt 20 Minuten bei schwacher Hitze köcheln lassen. Bei Bedarf etwas Wasser hinzugießen. Die Fleischbällchen in die Sauce geben und bei schwacher Hitze 25 bis 30 Minuten garen. Hin und wieder umrühren. Die heißen Fleischbällchen auf Zahnstocher spießen und auf einer Platte, in Schälchen oder in Papierförmchen anrichten. Zum Warmhalten mit Aluminiumfolie abdecken. Warm mit der Sauce servieren.

Miesmuscheln
mit gratiniertem Gemüse

4–6 Portionen

3 EL geriebener Parmesan
1 Prise Cayennepfeffer oder einige Spritzer Tabasco
30 g Paniermehl
1 EL gemahlene Leinsamen
450 g Miesmuscheln, küchenfertig
250 ml Wasser
500 ml trockener Weißwein

1 EL Rapsöl
1 EL Olivenöl
2 gehackte Schalotten
5–6 EL gelbe und orange Paprika, in Würfel geschnitten
Salz und schwarzer Pfeffer
2 EL gehackte Petersilie

Den Käse mit dem Cayennepfeffer, dem Paniermehl und den gemahlenen Leinsamen mischen. Miesmuscheln in Wasser und Wein 3 bis 4 Minuten lang kochen, bis sie sich öffnen. Das Wasser abgießen, geschlossene Muscheln wegwerfen. Das Muschelfleisch aus den Schalen lösen, die Schalen aufbewahren. Raps- und Olivenöl erhitzen und die Schalotten darin anschwitzen. Paprika hinzugeben und einige Minuten anbraten. Mit Salz und Pfeffer abschmecken. In jede Muschelschale 2 Miesmuscheln geben und die Gemüsemischung mit einem Löffel darauf verteilen. Mit Petersilie und der Paniermehlmischung bestreuen. Miesmuscheln auf ein Backblech setzen und im Backofen 3 bis 4 Minuten überbacken, bis das Paniermehl leicht bräunlich ist. Heiß oder warm auf einer Platte oder in kleinen Schüsseln servieren.

Spanische Fleischbällchen

Häppchen und Vorspeisen

Sardinen im Blätterteig

mit getrockneten Tomaten

8 Portionen

125 g Sardinen oder Thunfisch aus der Dose
4 getrocknete Tomatenhälften, gehackt
1 TL Dijon-Senf
1 Prise Thymian
2 EL Tomatensauce
1 kleine Knoblauchzehe
1 EL natives Olivenöl extra
1 EL Walnussöl
1 EL Weißwein
Salz und gemahlener schwarzer Pfeffer
8 Brickteigblätter
1 EL gehacktes Basilikum
3 EL geriebener Parmesan
1 Omega-3-Eigelb
8 Schnittlauchhalme

Backofen auf 190 °C vorheizen. Sardinen mit Küchenkrepp abtupfen. Gräten entfernen. In kleine Stücke schneiden und in eine Schüssel geben. Getrocknete Tomaten, Senf, Thymian und Tomatensauce unterrühren. Knoblauch hacken und bei mittlerer Hitze in Oliven- und Walnussöl anbraten. Die Tomaten-Sardinen-Mischung dazugeben und einrühren. Weißwein darüberträufeln und das Ganze kurz verrühren, bis der Alkohol verkocht ist. Mit Salz und Pfeffer abschmecken. Die Masse in eine Schüssel geben und zur Seite stellen. Muffinformen mit Brickteigblättern auslegen. In die Mitte jeweils einen Esslöffel Füllung geben. Mit Basilikum und Parmesan bestreuen. Die Teigblätter vorsichtig mit Küchengarn zusammenbinden. Das Säckchen mit Eigelb bestreichen und im Backofen ca. 10 Minuten goldbraun backen. Küchengarn abnehmen und die Säckchen mit Schnittlauchhalmen zubinden. Heiß oder lauwarm servieren.

Tipp
Die restlichen Oliven mit verschiedenen Nüssen und Kernen mischen und als Knabbermischung servieren. Die Oliven gut abtropfen lassen, bevor sie mit den Kernen gemischt werden.

Schwarze Oliven

mariniert

4–6 Portionen

18–20 Perlzwiebeln
500 g ganze Oliven, ohne Kerne

Marinade

3 EL Sherry-Essig
1–2 EL Zitronensaft
125 ml Olivenöl
125 ml Rapsöl
1 Oreganozweig
1 Lorbeerblatt
1 Prise Cayennepfeffer (oder einige Spritzer Tabasco)
gemahlener schwarzer Pfeffer

Perlzwiebeln 2 bis 3 Minuten in kochendem Salzwasser blanchieren. Unter fließendem Wasser abschrecken und zur Seite stellen. Oliven abtropfen lassen und in eine Schüssel oder Glasschale geben. Sherry-Essig, Zitronensaft und Öl hinzufügen, bis das Gemüse bedeckt ist. Kräuter und Gewürze dazugeben und die Oliven 24 Stunden lang in der Marinade ziehen lassen. In Schälchen mit kleinen Spießen anrichten. Gekühlt oder bei Zimmertemperatur servieren.

Sardinen im Blätterteig

Crostinis

Von einem frischen Baguette die Krusten abschneiden. Walnuss- und Rapsöl oder Oliven- und Rapsöl mischen. Für einen pikanteren Geschmack entweder eine kleine gepresste Knoblauchzehe, eine Frühlingszwiebel oder scharfe Chilisamen hinzufügen. Ölmischung eine Stunde ziehen lassen und durch ein Sieb gießen.

Backofen auf 190 °C vorheizen. Brot in ca. 1 cm dicke Scheiben schneiden. Das Öl mit einem Backpinsel auf die Brotscheiben pinseln oder mit einem Zerstäuber aufsprühen. Brotscheiben auf ein mit Backpapier ausgelegtes Blech legen und im Backofen ca. 5 Minuten backen, bis sie leicht angebräunt sind. Abkühlen lassen.

> **Tipp**
>
> Rechnen Sie als Vorspeise 3 bis 4 Crostinis pro Person. Als Beilage reichen 1 bis 2 Crostinis pro Person. Die Crostinis können am Vorabend zubereitet und in Frischhaltefolie im Kühlschrank aufbewahrt werden. Die Canapés sollten max. einige Stunden vor dem Verzehr zubereitet werden, damit das Brot nicht zu weich wird.

Canapés
mit Ei

8–12 Portionen

- 1 TL Soja- oder Rapsöl
- 2–3 gehackte Frühlingszwiebeln
- 8 Omega-3-Eier
- 160 ml Mayonnaise (Rezept s. u.)
- 2 TL fein gehackte Petersilie
- Salz und frisch gemahlener schwarzer Pfeffer

Beilagen

- 2 Frühlingszwiebeln, in Ringe geschnitten oder karamellisierte Zwiebeln (s. Rezept S. 176)
- Kaviar, Tobiko-Rogen (Asia-Laden)

Mayonnaise

- 1–2 Omega-3-Eigelb
- Pflanzenöl nach Wahl (Raps-, Sojaöl)
- ½ TL Leinöl (optional)
- 1 TL Senfpulver oder Dijon-Senf, je nach Geschmack
- verschiedene (getrocknete) Kräuter (Schnittlauch, Estragon, Oregano)
- 1 TL Zitronensaft oder Essig
- Salz und Pfeffer

1 TL Öl in einer beschichteten Pfanne erhitzen. Die Frühlingszwiebeln bei mittlerer Hitze unter Rühren anbraten. Zur Seite stellen. Die Eier 4 Minuten lang kochen. Abschrecken und pellen. Eier und Frühlingszwiebeln mit dem Pürierstab fein pürieren. Mayonnaise und Petersilie hinzufügen und mit Salz und Pfeffer würzen. Vor dem Servieren mindestens 30 Minuten in einem verschlossenen Behälter in den Kühlschrank stellen. Die Eicreme in einen Spritzbeutel füllen und auf die Brotscheiben spritzen oder die Brotscheiben damit bestreichen. Mit Frühlingszwiebeln, karamellisierten Zwiebeln und Kaviar garnieren.

Für die Mayonnaise sollten alle Zutaten Zimmertemperatur haben. Eigelb und etwas Öl in eine hohe Rührschüssel geben und mit dem Schneebesen oder dem Pürierstab verrühren. Nach und nach zuerst tropfen-, dann esslöffelweise das ganze Öl hinzufügen und einrühren, bis eine Mayonnaise entsteht. Senf und Kräuter unterrühren, mit Zitronensaft, Salz und Pfeffer abschmecken. Zum Schluss Leinöl nach Geschmack hinzufügen und gut verrühren. Die Mayonnaise in einem verschlossenen Behälter im Kühlschrank aufbewahren.

Canapés mit Ei

Mango und Lachs
auf Granita

2–4 Portionen

250 ml Karottensaft
125 ml Orangen- oder Mangosaft
125 ml Apfelsaft
100 g roher Lachs (Sushi-Qualität)
½ Mango (ca. 70 g)
1 TL Knoblauchblüte (Feinkostladen)
1 TL Olivenöl
1 TL Rapsöl
1 TL Zitronensaft
1 Prise Cayennepfeffer
frisch gemahlener schwarzer Pfeffer

Zum Garnieren

gehackte Petersilie
gehackte Minze
1 Handvoll Walnusskerne

Die Granita vorbereiten. Die drei Sorten Saft in eine flache Schüssel geben und ½ bis 1 Stunde tiefkühlen. Das Eis aus der Schüssel kratzen und gut mit einer Gabel verrühren. Weitere 30 Minuten tiefkühlen. Den Vorgang mehrmals wiederholen. Die fertige Granita in Glasschälchen füllen und die Schälchen bis zum Servieren ins Eisfach stellen.
Lachs und Mango in kleine Würfel schneiden und in eine Schüssel geben. Knoblauchblüte, Öl und Zitronensaft hinzufügen und alles gut vermengen. Mit Pfeffer abschmecken. Den Mango-Lachs mit einem Löffel auf den Granité verteilen und sofort servieren. Nach Geschmack mit Petersilie, Minze und gehackten oder gemahlenen Walnüssen bestreuen.

24 Portionen

2 Omega-3-Eier
50 g roher Thunfisch (Sushi-Qualität)
1 reife Avocado
2 EL gekochte Garnelen
½–1 TL Limettensaft
¼ TL Saft von geriebenem Ingwer
2 TL Wasabi-Pulver (Asia-Laden)
1 EL Raps- oder Hanföl
Salz
36 Reiscracker (Asia-Laden)

Zum Garnieren

Kürbis- oder Sojakerne, milde Sojasauce
Nori-Algen (Asia-Laden)
gebratener Ingwer
Garnelen

Japanische Pastete
mit Thunfisch

Eier 10 bis 12 Minuten kochen. Thunfisch erst in feine Streifen, dann in Würfel schneiden. Avocado, Eier und Garnelen mit Limetten-, Ingwersaft und Wasabi-Pulver pürieren. Nach und nach Öl hinzugeben und weiter pürieren, bis eine Creme entsteht. Mit Salz abschmecken. Die Creme in einen Spritzbeutel füllen und auf die Cracker spritzen oder mit einem Messer auf die Cracker streichen. Auf jeden Cracker ein Stück Thunfisch legen. Zum Garnieren die Kürbiskerne einige Minuten ohne Fett in einer beschichteten Pfanne rösten und nach Geschmack einen Spritzer milde Sojasauce (1 TL auf 65 g Kerne) hinzugeben. Die Algen 3 bis 5 Minuten in Wasser einweichen. Die Canapés mit Kernen, Ingwer, Algen und Garnelen servieren.

Mango und Lachs auf Granita

Häppchen und Vorspeisen

Tartarlöffelchen
mit Lachs und Jakobsmuscheln

12-16 Portionen

100 g roher Lachs ohne Haut (Sushi-Qualität)
100 g kleine Jakobsmuscheln
1 Perlzwiebel
1 TL fein gehackte Petersilie
1 EL geschälte Hanfsamen (optional)
2 TL Rapsöl
2 TL Olivenöl
1½ TL Saft einer Limette (nach Geschmack auch mehr)
einige Tropfen Anis-Essenz (Reformhaus, Bioladen) oder ¼ TL gemahlener Sternanis
feines Meersalz
frisch gemahlener schwarzer Pfeffer
1 Prise Nelkenpulver (optional)

Zum Garnieren

16 kernlose grüne Trauben
Hanföl
1–2 TL gehackter Dill

Lachs und Jakobsmuscheln in kleine Würfel schneiden. Zwiebel ganz fein hacken. Alle Zutaten bis auf die Gewürze in eine Schüssel aus Glas oder Edelstahl geben und vermischen. Einige Tropfen Anis-Essenz hinzufügen und mit Salz, Pfeffer und nach Geschmack mit Nelkenpulver würzen. Den Tartar 20 bis 30 Minuten tiefkühlen und anschließend in dekorative Löffelchen füllen. Jeweils eine Traube in die Mitte jedes Löffelchens setzen. Kurz vor dem Servieren nach Geschmack einen Spritzer Hanföl über den Tartar geben und mit dem gehackten Dill garnieren.

Tipp

Kühlen Sie die Löffelchen, bevor Sie sie füllen, im Kühlschrank. Zum Garnieren können Sie auch bunten Pfeffer auf den Tartar streuen. Anstelle der Anis-Essenz können Sie auch einen Spritzer Anislikör (Pernod oder Pastis) verwenden.

Räucherlachs-Creme

4 Portionen

125 g fettarmer Frischkäse
30 ml Crème légère
2 EL Schnittlauch, in Röllchen geschnitten
2 Scheiben Räucherlachs
4 Scheiben Brot oder einige Cracker
Tobiko-Rogen (Asia-Laden)
verschiedene frische Kräuter (Estragon, Schnittlauch, Dill)
rosa und schwarze Pfefferkörner

Frischkäse, Crème légère und Schnittlauch verrühren. Den Räucherlachs in feine Streifen schneiden, einige Streifen zum Garnieren beiseitestellen. Die Mischung in einen Spritzbeutel füllen und auf jede Brotscheibe oder jeden Cracker eine Rosette spritzen. Mit jeweils einem Streifen Räucherlachs, Tobiko-Rogen und den Kräutern garnieren. Mit Pfefferkörnern bestreuen. Die Häppchen mit Frischhaltefolie abdecken und im Kühlschrank aufbewahren, bis sie serviert werden.

Tartarlöffelchen mit Lachs und Jakobsmuscheln

Löffelchen
mit Apfel-Gurken-Mousse

8–10 Portionen

1 TL Zitronensaft
4 EL Äpfel (säuerlich), in Würfel geschnitten
1 Omega-3-Eiweiß
1 Prise Salz
60 g fettarmer Naturjoghurt
¼ TL fein gehackter Knoblauch
einige Tropfen Pfefferminz-Essenz (Reformhaus, Bioladen, optional)
2 EL Salatgurke, geschält und in Würfel geschnitten
schwarzer Pfeffer aus der Mühle

Zum Garnieren

½–1 TL Matcha-Grünteepulver (Feinkostladen, Teegeschäft)
1 EL gehackte Minze
1–2 EL gehackte Walnusskerne

Zitronensaft über die Apfelwürfel träufeln, damit sie nicht braun werden. Zur Seite stellen. Das Eiweiß mit einer Prise Salz steif schlagen. Joghurt, gehackten Knoblauch und nach Geschmack einige Tropfen Pfefferminz-Essenz hinzufügen. Die Mischung 1 bis 2 Minuten verschlagen. Äpfel und Gurke vorsichtig unterheben. Mit Pfeffer abschmecken. Pro Portion ca. 1½ Teelöffel der Mousse in dekorative Löffelchen füllen und jeweils mit einer Prise Grünteepulver, gehackter Minze und Walnusskernen garnieren. Sofort servieren oder im Kühlschrank aufbewahren.

Tipp

Anstelle von Äpfeln und Gurken können Sie fein gehackten, gekochten Spinat (oder Mangold) und in Würfel geschnittenen Stangensellerie verwenden. Sie können auch den Knoblauch durch gehackten Ingwer, die Minze durch Koriander und die Zitrone durch Limette ersetzen.

Gefüllte Rigatoni-Spießchen
mit Lachs, Walnüssen und Pesto

6–8 Portionen

250 g Rigatoni
120 g Lachsfilet, küchenfertig
Salz und schwarzer Pfeffer
Olivenöl
250 g Spinatblättchen

Die Rigatoni al dente kochen und abkühlen lassen. Das Lachsfilet salzen und pfeffern und 2 Minuten in Öl anbraten, sodass das Filet innen rosa bleibt. In kleine Stücke schneiden, die halb so groß wie die Rigatoni sind. In die Mitte jeder Nudel ein kleines Stück Lachsfilet schieben. Die Öffnungen der Rigatoni auf einer Seite mit rotem und auf der anderen Seite mit grünem Pesto füllen. Nudeln und Spinatblättchen abwechselnd auf kleine Spieße stecken oder die Rigatoni-Spießchen auf einem Spinatbett anrichten. Lauwarm oder kalt servieren.

Grünes Pesto

12–16 Basilikumblätter
4–6 Minzblättchen
¼ TL gehackter Knoblauch
1 TL Limettensaft
1 EL Walnusskerne
2 EL Rapsöl
1–2 EL geschälte Hanfsamen
Salz und gemahlener schwarzer Pfeffer

Alle Zutaten mit dem Pürierstab pürieren. Bei Bedarf noch etwas Öl dazugeben. Ist die Konsistenz zu flüssig, einige Walnusskerne hinzufügen.

Rotes Pesto

4 getrocknete Tomatenhälften
1 TL Zitronensaft
1½ EL Olivenöl
1 EL Walnusskerne
1 Prise Cayennepfeffer
Salz und gemahlener schwarzer Pfeffer

Die getrockneten Tomaten 10 bis 15 Minuten in lauwarmem Wasser einweichen. Alle Zutaten in eine Schüssel geben und mit dem Pürierstab pürieren. Bei Bedarf noch etwas Öl dazugeben. Ist die Konsistenz zu flüssig, einige Walnusskerne hinzufügen.

Gefüllte Rigatoni-Spießchen mit Lachs, Walnüssen und Pesto

Häppchen und Vorspeisen

Löffelchen
mit Makrelentartar

12 Portionen

2 EL Schlagsahne oder fettarmer Naturjoghurt (optional)
½ TL Weißwein-Dijon-Senf
Salz und frisch gemahlener schwarzer Pfeffer
125 g rohes Makrelenfilet (Sushi-Qualität)
8–10 Kirschtomaten
½ Salatgurke
1 TL frischer Estragon (nach Geschmack)
1½ EL natives Olivenöl extra
Balsamico

Die Schlagsahne steif schlagen. Senf einrühren. Die Senfsahne mit Salz und Pfeffer abschmecken und in den Kühlschrank stellen. Fisch, Tomaten und Salatgurke in kleine Würfel schneiden und alles miteinander vermischen. Den Estragon hacken und dazugeben. Olivenöl vorsichtig unterrühren. Je einige Tropfen Balsamico in dekorative Löffelchen träufeln. Die Löffelchen bis unterhalb des Randes mit der Fisch-Gemüse-Mischung füllen. Kühl stellen. Kurz vor dem Servieren etwas Senfsahne auf die gefüllten Löffelchen geben.

Räucherfisch-Löffelchen

12 Portionen

250 ml gekühlte Zitronenlimonade
1½ TL Gelatine
blaue Lebensmittelfarbe
50 g Räucherlachs oder Räucherforelle, in Scheiben

Zum Garnieren

fettarmer Frischkäse (optional)
Nori-Algen (Asia-Laden, optional)
Fischrogen

Ca. 70 ml der Limonade erhitzen. Die Gelatine in eine Schüssel geben. Die Limonade darübergießen und verrühren, bis die Gelatine sich aufgelöst hat. Den Rest der Limonade dazugießen und einige Tropfen Lebensmittelfarbe hineinträufeln. Die Flüssigkeit in dekorative Löffelchen oder in eine Schale füllen. Das Gelee etwas stocken, jedoch nicht ganz fest werden lassen. Den Räucherfisch entweder in kleine Streifen, die etwa so lang sind wie die Löffelmulde, oder Motive, wie kleine Fische, daraus schneiden. Ein kleines Bällchen Frischkäse in die Mitte jedes Löffelchens setzen und ein Stück Räucherfisch darüberlegen. Nach Belieben mit Algen und Fischrogen garnieren.

Löffelchen mit Makrelentartar

Häppchen und Vorspeisen

Käseröstis

mit Feigen-Walnuss-Kompott

4–6 Portionen

Käseröstis

200 g geriebener Parmesan

Feigen-Walnuss-Kompott

1 gehackte Schalotte
½ TL Olivenöl
80 ml Rotwein
180 g getrocknete Feigen, gehackt
1 Lorbeerblatt
60 g gehackte Walnusskerne

Beilage

rohes Gemüse (Sellerie, Karotten, Lauch)

Backofen auf 190 °C vorheizen. Ein Backblech mit Backpapier auslegen. Kleine, etwa 2 cm dicke Kreise aus geriebenem Käse auf das Backpapier verteilen. Jeweils 5 cm Abstand zwischen den Kreisen lassen. Im Backofen (oder in einer beschichteten Pfanne) 3 bis 4 Minuten backen, bis die Röstis goldbraun sind. 1 Minute abkühlen lassen und mit einem Nudelholz darüberrollen. Wachspapier zwischen die Röstis legen und aufeinandergestapelt in einem verschlossenen Behälter aufbewahren.

Die Schalotte in einem kleinen Topf in etwas Öl anbraten. Wein angießen und zum Kochen bringen. Die Feigen und das Lorbeerblatt hinzufügen. Bei schwacher Hitze einige Minuten garen. Bei Bedarf Wasser hinzufügen. Die gehackten Walnüsse unterrühren. Alles gut vermischen und vom Herd nehmen. ½ bis 1 Stunde ziehen lassen, nach Wunsch mit dem Pürierstab pürieren. Den Feigenkompott als Dip zu den Käseröstis reichen. Rohes Gemüse als Beilage dazu servieren.

Tipp

Bei der Zubereitung der Röstis in die Mitte der Käsekreise jeweils ein kleines Käsehäufchen setzen und die Kreise zum Rand hin flacher und unregelmäßiger werden lassen.

Marinierte grüne Oliven

4–6 Portionen

125 g Walnusskerne
2 Knoblauchzehen
2 EL weißer Balsamico
180 ml Rapsöl
60 ml natives Olivenöl extra
1 TL Limetten- oder Zitronensaft
500 g grüne Oliven
verschiedene Kräuter (Rosmarin, Thymian, Kerbel)
Salz und frisch gemahlener schwarzer Pfeffer

Walnusskerne halbieren. Knoblauchzehen halbieren oder vierteln. Aus Essig, Öl und Zitronensaft eine ausreichende Menge Marinade herstellen, sodass die Oliven bedeckt sind. Mit Kräutern und Gewürzen abschmecken. Die Oliven über Nacht in der Marinade einlegen. In Schalen mit kleinen Spießchen servieren.

Käseröstis mit Feigen-Walnuss-Kompott

Cocktailtomaten

6 Portionen

1 kleines Sardellenfilet
12–18 Cocktailtomaten

Fischfüllung (ca. 125 g)

100 g Makrelen- oder Sardinenfilet aus der Dose
1 gepresste Knoblauchzehe
1 TL gehackte Kapern
1 EL glatte Petersilie, gehackt
1 EL getrocknete Tomaten, in Wasser eingeweicht
3 EL Hüttenkäse
1 EL fettarme Milch
1 TL Hanföl
1 TL Zitronensaft
1 Prise Thymian
Salz und gemahlener schwarzer Pfeffer

Zum Garnieren

3–4 grüne oder schwarze Oliven ohne Kerne
1 gegrillte rote Paprika, in Streifen geschnitten
gehacktes Basilikum

Die Sardellenfilets 15 Minuten wässern. Abspülen. Die Zutaten für die Füllung mit dem Pürierstab fein pürieren, mindestens 1 Stunde im Kühlschrank ziehen lassen. In der Zwischenzeit die Tomaten vorsichtig mit einem Kugelausstecher oder einem kleinen Löffel aushöhlen. Die Unterseite der Tomaten so zurechtschneiden, dass sie gerade stehen bleiben. Die Fischfüllung in die Tomaten geben. Zum Garnieren die Oliven in Ringe schneiden. Die gefüllten Tomaten mit Oliven, Paprika und Basilikum garnieren. Die fertigen Tomaten im Kühlschrank aufbewahren, jedoch nicht zu lange, da sie sonst an Geschmack verlieren.

Schwertfisch-Carpaccio
mit Zitrusfrüchten

2 Portionen

125 g roher Schwertfisch (Sushi-Qualität)
Saft von 1 großen rosa Grapefruit oder 2 großen Orangen
¼–½ TL Fleur de Sel (nach Geschmack, Feinkostladen)
125 ml Olivenöl
1 TL gehackte Petersilie

Zum Garnieren

3–4 grüne oder schwarze Oliven
1 Orange
frische Kräuter (Minze, Schnittlauch, Basilikum, Estragon)

Schwertfisch in sehr feine Scheiben schneiden, Grapefruit- bzw. Orangensaft salzen. Den Fisch auf einer Platte mit erhöhtem Rand anrichten. Saft und Öl darübergießen und mit gehackter Petersilie bestreuen. 10 bis 12 Stunden im Kühlschrank ziehen lassen. Den Schwertfisch aus der Marinade nehmen und auf einer Platte mit Oliven, Orangenschnitzen und frischen Kräutern anrichten.

Cocktailtomaten

Häppchen und Vorspeisen

Zucchiniröllchen
mit Lachsfüllung

12 Portionen

4 getrocknete Tomatenhälften
1 grüne Zucchini
1 gelbe Zucchini
1 Lachsfilet (200 g)
2 EL geriebener Parmesan
4–6 gehackte Basilikumblätter
frisch gemahlener schwarzer Pfeffer
2 EL geschälte Hanfsamen
Rapsöl

Die getrockneten Tomaten 30 Minuten lang in warmem Wasser einweichen. Backofen auf 190 °C vorheizen. Die Zucchini der Länge nach in Scheiben schneiden. Die getrockneten Tomaten mit Küchenkrepp abtupfen und hacken. Den Lachs erst in feine Scheiben, dann in Streifen schneiden. Zur Seite stellen. Die Zucchinischeiben auf ein mit Backpapier ausgelegtes Backblech legen und 5 Minuten im Ofen garen. Abkühlen lassen. Auf jede Zucchinischeibe einen Lachsstreifen legen, mit Parmesan und Basilikum bestreuen und mit Pfeffer würzen. Einige getrocknete Tomatenwürfel und Hanfsamen darüberstreuen, mit etwas Öl beträufeln und die Zucchinischeiben zusammenklappen. Mit einem Zahnstocher oder Küchengarn zusammenhalten. Im Backofen 4 bis 5 Minuten garen oder in einer beschichteten Pfanne 4 bis 5 Minuten von jeder Seite braten. Vor dem Servieren etwas abkühlen lassen.

 **Tipp**
Probieren Sie diese Häppchen mit Hering, Schwertfisch, Forelle, Makrele oder Thunfisch. Sie können auch Ziegenkäse anstelle von Parmesan oder getrocknete Kräuter wie Schnittlauch, italienische Kräutermischung oder Kräuter der Provence verwenden.

Erdbeercocktail
mit Ziegenkäsefüllung

6 Portionen

18 große Erdbeeren
2 TL frisch gehackte Kräuter (Schnittlauch, Estragon oder Minze)
140 g Ziegenfrischkäse
Balsamico
¼ TL Knoblauchblüte (Feinkostladen, optional)
1 TL geriebener Parmesan (optional)
fettarme Milch (optional)

Zum Garnieren

gemahlene Kerne (Kürbiskerne, Lein- und Hanfsamen)
Salz und frisch gemahlener Pfeffer

Die Erdbeeren waschen und den Strunk entfernen. Die Unterseite der Erdbeeren so zurechtschneiden, dass sie gerade stehen bleiben. Die Erdbeeren mit einem Kugelausstecher, einem kleinen Löffel oder einem feinen Messer etwas aushöhlen, sodass in jede Erdbeere etwa ½ Teelöffel Füllung passt. Für die Füllung alle Zutaten in einer Schüssel zu einer Creme rühren, eventuell noch etwas Milch dazugeben. Je nach Geschmack etwas zusätzlichen Balsamico in jede Erdbeere träufeln. Die Creme mit einem Spritzbeutel in die Erdbeeren füllen. Die gemahlenen Kerne mischen und darüberstreuen. Mit Salz und Pfeffer würzen. Gekühlt aufbewahren und eine Stunde vor dem Servieren aus dem Kühlschrank nehmen.

Zucchiniröllchen mit Lachsfüllung

Häppchen und Vorspeisen 47

Cocktail
von kleinen Paprika

6 Portionen

12 kleine Paprika
1 EL Feta
60 g Ricotta
1 gehackte Knoblauchzehe
½ TL natives Olivenöl extra
½ TL Hanföl (je nach Geschmack)
frisch gemahlener schwarzer Pfeffer
Balsamico (optional)
½ TL gehacktes Basilikum
1 EL gehackter Oregano

Zum Garnieren (optional)

gemahlene Hanfsamen
2 EL gehackte Kalamata-Oliven
Lachsrogen

Von den Paprika einen kleinen Deckel abschneiden, die Kerne entfernen und die Schoten waschen. Einige Minuten in kochendem Salzwasser garen und unter kaltem Wasser abschrecken. Den Feta zerbröckeln und in eine Schüssel geben. Ricotta und Knoblauch hinzufügen. Oliven- und Hanföl darübergießen und alles miteinander verrühren. Mit Pfeffer würzen. Den Balsamico und die fein gehackten Kräuter hinzufügen. Käsecreme in die Paprikaschoten füllen und garnieren.

Wachteleier
in Aspik

12–16 Portionen

6 Wachteleier
1 EL Olivenöl
125 g tiefgekühlte Erbsen
75 g Thunfisch, in 12 Würfel geschnitten
Salz und frisch gemahlener schwarzer Pfeffer
12 kleine Garnelen
1 EL Weißwein
500 ml Gemüsebrühe oder grüner Tee (Sencha)
1 EL Gelatinepulver
12–16 Blättchen Koriander

Cognacsauce

80 ml Mayonnaise mit Soja- oder Rapsöl
1 TL Tomatenmark oder Ketchup
2 TL Cognac

Die Wachteleier ca. 5 Minuten kochen. Muffinformen mit Öl einfetten. Erbsen in kochendem Salzwasser ca. 5 Minuten gar kochen, abschrecken und abkühlen lassen. Den Thunfisch mit Salz und Pfeffer würzen und zusammen mit den Garnelen in Olivenöl anbraten. Mit Weißwein ablöschen. Vom Herd nehmen und zur Seite stellen. 250 ml Gemüsebrühe bzw. grünen Tee heiß in eine Schüssel gießen. Das Gelatinepulver einrühren, bis es sich aufgelöst hat. 250 ml kalte Gemüsebrühe oder grünen Tee hinzufügen. Die Muffinformen zur Hälfte mit der Flüssigkeit füllen. Die restliche Flüssigkeit zur Seite stellen. Jeweils ein Wachtelei in jede Muffinform setzen. (Bei kleinen Muffinförmchen reicht ein halbes Wachtelei pro Form.) Korianderblättchen hinzufügen und das Ganze im Kühlschrank fest werden lassen. Erbsen, Garnelen und Thunfisch auf die feste Gelatine legen und die Formen mit der restlichen Flüssigkeit auffüllen. 3 bis 4 Stunden im Kühlschrank fest werden lassen. Die Formen eine halbe Stunde vor dem Servieren in lauwarmes Wasser tauchen. Auf eine mit Salatblättern ausgelegte Platte stürzen. Mit Mayonnaise, Crackern oder Baguette servieren. Für die Sauce die Mayonnaise (s. Rezept S. 30) mit Tomatenmark oder Ketchup mischen. Cognac nach Geschmack einrühren. Auf jeden Teller einen Löffel Sauce geben.

Cocktail von kleinen Paprika

Häppchen und Vorspeisen

Mini-Thunfischspieße
à l'Orange

24 Portionen

| 100 g Thunfisch (Sushi-Qualität) |
| ½ Paprika (rot, gelb oder orange) |
| 24 Spinatblättchen |

Marinade

| Saft von einer halben Orange |
| 1 fein gehackte Schalotte |
| ¼–½ TL gehackter Ingwer |
| 2 EL Hoisin-Sauce (Asia-Laden) |
| 30 ml natives Olivenöl extra |
| 30 ml Walnussöl |
| Salz und frisch gemahlener schwarzer Pfeffer |

Zum Garnieren

| Rapsöl im Zerstäuber |
| 2–3 EL geschälte Hanfsamen |
| 1 Prise Kreuzkümmel |
| 1 kleine Prise Cayennepfeffer |
| 1 TL abgeriebene Orangenschale (unbehandelt) |

Für die Marinade alle Zutaten verrühren, den Fisch in 24 Würfel schneiden und ½ bis 1 Stunde darin einlegen (er verliert dabei an Farbe). Inzwischen zum Garnieren ein wenig Rapsöl über die Hanfsamen sprühen und mit den Gewürzen und der abgeriebenen Orangenschale abschmecken. Zur Seite stellen. Paprika in 24 Würfel schneiden und abwechselnd je ein Spinatblatt, einen Paprikawürfel und ein Stück marinierten Thunfisch auf Zahnstocher spießen. Die Mini-Spieße 1 bis 2 Minuten in einer beschichteten Pfanne anbraten. Dabei öfter wenden und die Marinade angießen. Die Thunfischwürfel in den gewürzten Hanfsamen wälzen.

Tipp
Dieses Gericht schmeckt auch mit Makrelen-, Schwertfisch- oder Sardinenspießchen hervorragend.

Papaya-Spieße
mit Lachs und Blaubeeren

4 bis 6 Portionen

| 1 Lachsfilet (200 g, Sushi-Qualität) |
| 1 kleine Papaya |
| 60 g frische Blaubeeren |

Marinade

| 60 ml natives Olivenöl extra |
| 1 TL Limettensaft |
| 1 kleine rote Zwiebel, fein gehackt |
| 1 Rosmarinzweig |
| Salz und frisch gemahlener schwarzer Pfeffer |

Den Lachs in kleine Würfel (ca. 2,5 cm Durchmesser) schneiden. Öl, Limettensaft, Zwiebel und Rosmarinzweig zu einer Marinade rühren und mit Salz und Pfeffer abschmecken. Den Lachs ½ bis 1 Stunde darin eingelegt kühl stellen. Papaya in Würfel schneiden. Abwechselnd Lachs und Früchte auf die Spieße stecken.

Mini-Thunfischspieße à l'Orange

Häppchen und Vorspeisen 51

Gurke gefüllt mit Forelle,
Ziegenkäse und Cranberrys

12 Portionen

2 EL getrocknete Cranberrys
1 Rosmarinzweig
150 g Ziegenfrischkäse
1 EL fettarme Milch
3 EL Räucherforelle, gehackt
1 EL Schnittlauch, in kleine Röllchen geschnitten
Salz und gemahlener schwarzer Pfeffer
2 Salatgurken

Zum Garnieren

gehackte Walnuss-, Haselnusskerne, Hanfsamen
getrocknete Cranberrys, gehackt
Schnittlauch, in Röllchen geschnitten
kleine Streifen Räucherforelle

Die getrockneten Cranberrys fein hacken. In einem Topf 60 ml Wasser mit dem Rosmarin aufkochen. Von der Herdplatte nehmen und die Cranberrys einrühren. Vollständig erkalten lassen. Ziegenfrischkäse mit der Milch und der gehackten Forelle verrühren. Mit Schnittlauch, Salz und Pfeffer würzen. Die Salatgurken in 4 bis 5 cm lange Stücke schneiden. Die Seiten gerade schneiden, sodass sich eine Würfelform ergibt. An den Kanten einen kleinen Streifen der Schale belassen. Die Gurkenwürfel mit einem Kugelausstecher oder einem kleinen Löffel aushöhlen, dabei einen Boden belassen. Gurke zur Hälfte mit der Ziegenkäsemischung füllen. Einige eingelegte Cranberrys darüber verteilen und mit der Ziegenkäsemischung auffüllen. Mit Walnuss-, Haselnusskernen und Hanfsamen, Cranberrys, Schnittlauch und kleinen Streifen Räucherforelle garnieren.

Canapés mit Tofu

4 Portionen

300 g Tofu
1 TL Sesamöl, 1 TL Rapsöl

Marinade

1 gepresste Knoblauchzehe
1 TL gehackter Ingwer
½ TL getrocknete Garnelen (Asia-Laden)
1 EL Öl (Raps-, Soja- oder Sonnenblumenöl)
1 Prise Cayennepfeffer
60 ml Mirin-Sauce (Asia-Laden)
125 ml milde Sojasauce

Vinaigrette

4 EL Reisessig (Asia-Laden)
4 EL Walnussöl
4 EL Sojaöl
2 TL Limettensaft
1 TL Zucker
1 Prise Cayennepfeffer

Zum Garnieren

1 kleine Karotte
4 Radieschen oder ein Stück Daikon-Rettich (Asia-Laden)
geschälte Hanfsamen oder Sesamkörner und zerstoßene Sonnenblumenkerne
gehackte Nori-Algen (Asia-Laden)
kleine japanische Enokitake-Pilze (Asia-Laden)
eingelegter Ingwer (Asia-Laden)

Den Tofu in ca. 1 cm große, schmale Scheiben schneiden und auf Küchenkrepp legen. Mit Küchenkrepp abdecken und ½ bis 1 Stunde mit einem Gewicht, etwa einem großen Hackbrett, beschweren, damit der Tofu besser trocknet. Die Zutaten für die Marinade verrühren. Den Tofu ca. 1 Stunde darin einlegen. Die Zutaten für die Vinaigrette mit dem Schneebesen verschlagen. Karotte und Radieschen oder Daikon fein raspeln, mit etwas Vinaigrette beträufeln und vermischen. In den Kühlschrank stellen. Raps- und Sesamöl mischen und erhitzen. Die marinierten Tofuscheiben von beiden Seiten braten, bis sie goldbraun sind. ½ Löffel gemischte Kerne darüberstreuen und mit den Rohkost-Raspeln sowie den Algen und Pilzen garnieren. Mit eingelegtem Ingwer und der Vinaigrette servieren.

Gurke gefüllt mit Forelle, Ziegenkäse und Cranberrys

Bunte Käsebällchen

Käsebällchen mit Räucherlachs
16 Portionen

8 Bällchen Ziegenfrischkäse
4 Scheiben Räucherlachs (75 g)
8 Schnittlauchhalme, in Röllchen geschnitten
1 TL gehackter Dill

Käsebällchen mit Küchenkrepp abtupfen. In zwei Hälften schneiden. Den Räucherlachs in kleine Stücke schneiden. Jeweils ein halbes Käsebällchen auf jedes Lachsstück legen und an den Seiten leicht andrücken. Mit den Kräutern garnieren und auf einer Platte servieren.

Tipp

Die Ziegenkäsebällchen können Sie vorgefertigt kaufen, selber mit der Hand rollen oder mit zwei kleinen Löffeln formen. Die Käsebällchen lassen sich gut in einem luftdicht verschlossenen Behälter im Kühlschrank aufbewahren. Mindestens 1 Stunde vor dem Servieren herausnehmen.

Käsebällchen mit Walnüssen und Cranberrys
8 Portionen

2 EL getrocknete Cranberrys
2 EL gehackte Walnusskerne
Worcestershire-Sauce
Salz und frisch gemahlener schwarzer Pfeffer
1 Prise getrockneter Rosmarin
8 Bällchen Ziegenfrischkäse

Die Cranberrys klein schneiden und mit den gehackten Walnusskernen auf einen Teller geben. Einige Tropfen Worcestershire-Sauce, schwarzen Pfeffer, Salz und eine Prise Rosmarin hinzufügen und vermischen. Die Käsebällchen in der Mischung panieren.

Käsebällchen mit Aprikosen und Kürbiskernen
8 Portionen

2 EL getrocknete Aprikosen
1 Prise Thymian
1 Prise gemahlener schwarzer Pfeffer
2 EL Kürbiskerne, gehackt
8 Bällchen Ziegenfrischkäse

Aprikosen klein schneiden und mit Thymian, schwarzem Pfeffer und den gehackten Kernen auf einem Teller mischen. Die Käsebällchen in der Mischung panieren.

Käsebällchen mit getrockneten Tomaten und Hanfsamen
8 Portionen

2 EL getrocknete Tomaten, in Wasser eingeweicht und fein gehackt
2 EL Bitterschokolade (70 % Kakao), in feine Späne gehobelt
1 TL gehackter Estragon
1 Prise Cayennepfeffer
1 TL geschälte Hanfsamen
8 Bällchen Ziegenfrischkäse

Sämtliche Zutaten bis auf den Käse auf einem Teller mischen und die Käsebällchen damit panieren.

Bunte Käsebällchen

Häppchen und Vorspeisen

Kartoffel-Canapés
mit Lachscreme

20 Portionen

| 2 getrocknete Tomatenhälften |
| 3–4 mittelgroße Kartoffeln, geschält |
| Salz |
| 1 TL Lein-, Raps- und Hanföl, gemischt |
| 1–2 kleine Perlzwiebeln, gehackt |
| 1 TL grobkörniger Senf oder Dijon-Senf |
| ½ TL Zitronensaft |
| gemahlener schwarzer Pfeffer |
| 125 ml Sauerrahm |
| 2 Scheiben (40 g) Räucherlachs |
| 2 Dillzweige, gehackt |
| Schnittlauch, in Röllchen geschnitten |

Die getrockneten Tomaten in Wasser einweichen und zur Seite stellen. Kartoffeln in 20 ca. 2 cm dicke Scheiben schneiden und in kochendem Salzwasser garen. Auf einer Platte anrichten. Perlzwiebeln, Senf, Zitronensaft, Dill und Sauerrahm zu einer Creme verrühren. Mit Salz und Pfeffer abschmecken. Eine kleine Mulde in jede Kartoffelscheibe löffeln und etwas Öl hineinträufeln. ½ Teelöffel Creme in jede Mulde geben. Die eingeweichten Tomaten trocken tupfen und klein schneiden. Den Räucherlachs in 20 Streifen schneiden. Um jeden Cremeklecks einen Streifen Lachs legen und mit gehackten Tomaten und Schnittlauch bestreuen. Kalt oder lauwarm servieren.

Schnittchen
mit Äpfeln und Nüssen

6–8 Portionen

| ½ TL Sojaöl |
| 1 kleiner Rosmarinzweig |
| 1 kleiner Apfel, in Würfel geschnitten (Granny Smith, McIntosh) |
| ½ TL Rohrohrzucker |
| 1 EL Marsala |
| 180 g fettarmer Frischkäse |
| 3–4 EL gehackte Walnusskerne |
| 60 g geschälte Hanfsamen |
| Salz |
| 1 Prise Piment |
| fettarme Milch |
| Zwieback oder Cracker |

 Tipp
Als süßere Variante kann anstatt Marsala auch Ahornsirup oder Honig verwendet werden. Pekannüsse eignen sich ebenfalls gut für dieses Rezept.

Das Sojaöl mit dem Rosmarinzweig bei mittlerer Hitze in einer beschichteten Pfanne vorsichtig erhitzen. Apfelwürfel und Rohrohrzucker darin anbraten. Marsala darüberträufeln und die Masse vollständig abkühlen lassen. Den Frischkäse in einer Schüssel cremig rühren. Walnusskerne und Hanfsamen hinzufügen. Mit Salz und Piment abschmecken. Die karamellisierten Apfelstückchen hinzufügen und alles gut vermischen. Nach Geschmack Milch hinzufügen. Die Creme mit Rohkost auf Zwieback oder Crackern servieren. In einem verschlossenen Behälter im Kühlschrank aufbewahren.

Wassermelonen-Canapés
mit Lachs

24 Portionen

¼ Wassermelone (1 kg)

Für den gebeizten Lachs

1 kleines Lachsfilet (100–125 g), küchenfertig
½ TL getrockneter Schnittlauch
½ TL getrocknete Kräuter (Dill, Estragon)
½ TL abgeriebene Zitronenschale (unbehandelt)
grobes Salz
Zucker
frisch gemahlener schwarzer Pfeffer

Zum Garnieren

frische Kräuter (Estragon, Minze, Dill)
Klee- oder Getreidesprossen
Fischrogen (Lachs, Tobiko)

Den gebeizten Lachs am Vorabend zubereiten. Dazu den Lachs in einen tiefen Teller legen. Schnittlauch, Dill und Estragon mit der abgeriebenen Zitronenschale mischen und den Lachs damit bestreuen. Grobes Salz und Zucker mischen und 6 mm dick auf dem Lachs verteilen. Nach Geschmack pfeffern. Den Lachs mit Frischhaltefolie bedecken und mit einem Gewicht (Hackbrett oder Konservendosen) beschweren. Je nach Dicke des Lachsfilets 7 bis 8 Stunden im Kühlschrank ziehen lassen.

Die Wassermelone in Scheiben schneiden. Die Kerne entfernen. In ca. 5 cm große Würfel schneiden. Den Lachs aus der Beize nehmen, trocken tupfen und in feine Streifen schneiden. Kleine Rosetten formen, je eine auf jeden Melonenwürfel legen und mit Kräutern, Sprossen und Fischrogen garnieren. Vor dem Servieren im Kühlschrank aufbewahren.

Lachs-Käse-Dip

24 Portionen

170 g Lachsfilet, mit Haut
60–125 ml trockener Weißwein
1 Lorbeerblatt
je 125 g Ricotta und Ziegenfrischkäse
½ TL Dijon-Senf
1 TL Zitronensaft
1 TL abgeriebene Zitronenschale (unbehandelt)
1 EL Schnittlauch, in Röllchen geschnitten
1 Prise getrockneter Dill
Salz und frisch gemahlener schwarzer Pfeffer
fettarme Milch

Das Lachsfilet im Weißwein bei mittlerer Hitze mit dem Lorbeerblatt pochieren. Im Weinsud vollständig abkühlen lassen. Das Lachsfilet häuten, mit einer Gabel zerfasern und in eine Schüssel geben. Mit Ricotta, Frischkäse, Senf, Zitrone, Schnittlauch und Dill zu einer Creme verrühren. Mit Salz und Pfeffer abschmecken. Milch nach Geschmack hinzufügen. Den Dip in einem verschlossenen Behälter im Kühlschrank aufbewahren. Mit Crackern oder Tortillachips servieren.

> **Tipp**
>
> Probieren Sie diesen Dip mit Räucherforelle oder Räucherlachs, das gibt eine interessante rauchige Note, oder servieren Sie ihn auf Chicoréeblättern, Vollkornbrot oder Pumpernickel.

Wassermelonen-Canapés mit Lachs

Häppchen und Vorspeisen

Reisbällchen
mit Garnelen und Makrele

4–6 Portionen

- 250 g gekochter weißer Reis oder Vollkornreis
- 12 große gekochte Garnelen
- 125 g gegartes Makrelenfilet
- 2 EL gehackte Walnusskerne
- 2 EL gehackte Nori-Algen (Asia-Laden)
- 1 kleine Frühlingszwiebel, in Ringe geschnitten
- 1 TL Sojasauce
- 1 Prise Szechuan-Pfeffer (Asia-Laden)
- 1 Prise Cayennepfeffer
- 1 verquirltes Omega-3-Ei
- Öl für die Pfanne

Beilage

- milde Sojasauce
- Chili- oder Ingwerpulver

Die Hälfte vom Reis und alle weiteren Zutaten mit der Gabel oder dem Pürierstab grob zu einer krümeligen Masse pürieren. Kleine Bällchen daraus formen. Die Bällchen in dem restlichen Reis rollen und damit panieren. Öl in einer Pfanne erhitzen. Bällchen ca. 1 Minute im Öl frittieren und mit einer Zange oder einem Löffel wenden. Auf Küchenkrepp abtropfen lassen. Lauwarm oder kalt mit einer mit Ingwer- oder Chilipulver gewürzten Sojasauce servieren.

Pastetchen
mit Lachs

25 Portionen

- 2 Kartoffeln, geschält
- Salz und Pfeffer
- das Weiße einer kleinen Lauchstange
- 1 EL Olivenöl
- 125 g Lachs
- 1 EL trockener Weißwein (optional)
- 1 Omega-3-Eigelb
- 125–180 ml fettarme Milch, lauwarm
- Öl für die Form

Zum Garnieren

- ½ TL Hanföl
- 1 rote Paprika, in Würfel geschnitten
- 1 Dillzweig oder rosa Pfeffer

Soufléförmchen mit Öl einfetten. Die Kartoffeln in kochendem Salzwasser garen. Den Lauch klein schneiden und in Olivenöl andünsten. Den Lachs salzen und pfeffern und mit dem Lauch 2 bis 3 Minuten von jeder Seite anbraten. Nach Wunsch einen Schuss Weißwein zu dem Lachs geben. Bei Bedarf noch etwas Öl hinzufügen. Den Lachs mit der Gabel zerfasern und zur Seite stellen. Die abgekühlten Kartoffeln mit Eigelb und Lachs pürieren. Die lauwarme Milch einrühren. Mit Salz und Pfeffer würzen. Die Förmchen mit Püree füllen und mit dem Löffel Rosetten oder Nester aus dem Püree formen. Einen Spritzer Hanföl darübergeben und mit Paprikawürfeln, etwas Dill oder gemahlenem rosa Pfeffer garnieren. Lauwarm servieren.

Reisbällchen mit Garnelen und Makrele

Frühstück
und Brunch

Räucherlachs-Toasties
mit Ei

4 Portionen

Toasties

| 4 Omega-3-Eier |
| ½ TL Weißweinessig |
| 4 Toasties, getoastet |
| 4 Scheiben Räucherlachs |
| 12 Stangen grüner Spargel (optional), gegart |

Sauce mit Ziegenkäse

| 1 EL Rapsöl |
| 1 EL Mehl oder Maisstärke |
| 250 ml fettarme Milch |
| 1 EL Ziegenkäse |
| ½ TL fein abgeriebene Zitronenschale (unbehandelt) |
| Salz und weißer Pfeffer |

Für die Sauce bei mittlerer Hitze in einer Pfanne das Öl mit Mehl oder Maisstärke verrühren. Nach und nach unter ständigem Rühren die Milch zugeben und die Sauce zum Kochen bringen, bis sie andickt. Von der Herdplatte nehmen. Ziegenkäse und abgeriebene Zitronenschale einrühren. Mit Salz und Pfeffer würzen. Zur Seite stellen. Eier aufschlagen und in kochendem Wasser mit etwas Essig einige Minuten pochieren, bis das Eiweiß fest ist. Das Eigelb sollte flüssig bleiben.
Jeweils ein Toastie mit einer dünnen Scheibe Räucherlachs belegen. Mit pochiertem Ei und Spargel garnieren. Etwas warme Sauce darübergießen und servieren.

Geschichtete Omelettes
mit Räucherlachs

6 Portionen

| 6 Omega-3-Eier |
| 1 TL Dijon-Senf (optional) |
| Salz und frisch gemahlener schwarzer Pfeffer |
| 1 EL Mehl |
| 1 gehackte Schalotte |
| je ½ TL Oliven- und Rapsöl, gemischt |
| 200–250 g Räucherlachs |
| 60 g Mozzarella light |
| gehackte Petersilie |

Die Eier mit 4 Esslöffel Wasser und Dijon-Senf verquirlen und mit Salz und Pfeffer abschmecken. Mehl in 2 Esslöffel Wasser auflösen und unterrühren. Den Teig zur Seite stellen. Schalotte in einer Pfanne in Öl glasig dünsten und beiseitestellen. Teig für jeweils ein Omelette und etwas von der gehackten Schalotte in die Pfanne geben und nach und nach 6 Omelettes von ca. 16 cm Durchmesser backen. Die Omelettes abwechselnd mit Alufolie schichten. Das letzte Omelette in der Pfanne mit klein gehacktem Mozzarella bestreuen und einmal wenden. Beginnend mit einem Omelette abwechselnd Räucherlachs und Omelettes aufeinanderschichten, zuletzt das Mozzarella-Omelette. Die Omelettes in Alufolie aufbewahren und kurz vor dem Servieren in Tortenstücke schneiden. Mit Petersilie garnieren.

Tipp: Schichten Sie die Omelettes in einer Springform, das ist einfacher und empfiehlt sich auch, falls die Omelettes transportiert werden müssen.

Räucherlachs-Toasties mit Ei

Eierpfännchen
mit Tomaten

4 Portionen

| 4 EL gehackte Zwiebeln |
| 1 EL Rapsöl |
| 4–6 Pilze (Austernpilze, Champignons oder Morcheln) |
| 4 Scheiben Räucherlachs, in Streifen geschnitten |
| 4 Kirschtomaten, in Scheibchen geschnitten |
| 8 Omega-3-Eier |
| 2 EL klein geschnittener Brie, Ziegenkäse oder Mozzarella light |
| 3 EL fettarme Milch |
| ½ TL gehackte Petersilie |
| Toastbrot |

Den Backofen auf 190° C vorheizen. Die gehackten Zwiebeln im Rapsöl anbraten. Pilze und Räucherlachs hinzufügen und ebenfalls braten. Auf Küchenkrepp abtropfen lassen. Die Mischung auf 4 Auflaufförmchen verteilen. Kirschtomaten darübergeben. Eier einzeln aufschlagen und in jede Auflaufform ein Ei gleiten lassen. Den Käse darüberstreuen und jeweils 1 Teelöffel Milch darüberträufeln. Auflaufformen in eine Saftpfanne mit kochendem Wasser stellen. Die Eimasse 15 Minuten im Backofen garen, nach Geschmack auch länger. Mit gehackter Petersilie bestreuen und mit geröstetem Brot servieren.

Spanische Tortilla

6–8 Portionen

| 500 g Kartoffeln |
| 250 g Zwiebeln |
| 2 ½ TL Oliven- und Rapsöl, gemischt |
| 6 große Omega-3-Eier |
| Salz und Pfeffer |
| 1 Prise Rosenpaprika (optional) |

Die Kartoffeln schälen und in 2 bis 3 cm große Würfel schneiden. Die Zwiebel hacken. ½ Teelöffel Öl in einer beschichteten Pfanne erhitzen. Kartoffeln und Zwiebeln hineingeben und bei schwacher Hitze 15 bis 20 Minuten braten. Dabei gelegentlich umrühren. Bei Bedarf etwas Öl hinzufügen. Die Kartoffel-Zwiebel-Mischung in eine Schüssel geben und abkühlen lassen. Die Pfanne mit Küchenkrepp auswischen. Die Eier verquirlen. 3 Esslöffel Wasser dazugeben und die Eimasse mit Salz, Pfeffer und Rosenpaprika abschmecken. Mit den Kartoffeln und Zwiebeln in der Schüssel vermengen. 1 Teelöffel Öl in der Pfanne erhitzen und das Ganze bei mittlerer Hitze ca. 4 Minuten backen, bis die Unterseite fest und bräunlich ist. Die Tortilla auf einen Teller gleiten lassen und wenden. Vorher den Rest Öl in die Pfanne geben. Von der anderen Seite 3 bis 4 Minuten backen. Auf einen Teller stürzen und 10 bis 15 Minuten abkühlen lassen. In Tortenstücke oder Würfel schneiden.

Tipp
Für den Transport der Tortilla empfiehlt sich eine Springform.

Eierpfännchen mit Tomaten

Spiegelei
mit Räucherhering und Kalbsleber

1 Portion

1 kleine Kartoffel, in Würfel geschnitten
1–2 EL Oliven- oder Rapsöl
Salz und frisch gemahlener schwarzer Pfeffer
1 kleine Zwiebel, in 1 cm dicke Ringe geschnitten
50 g klein geschnittene Kalbsleber
1 Räucherheringsfilet, in Streifen geschnitten
1 Omega-3-Ei
Tomatenviertel und Salatblätter zum Garnieren

Die Kartoffelwürfel im Öl goldbraun braten. Mit Salz und Pfeffer würzen und mit Alufolie bedeckt warm halten. Zwiebelringe mit den Kalbsleberstücken und dem Räucherhering braten. In einer zweiten Pfanne ein Spiegelei braten. Alles auf einem Teller anrichten und mit Tomatenvierteln und Salatblättern garnieren.

Gefüllte Eier
mit Räucherforelle

8 Portionen

8 Omega-3-Eier, hart gekocht
4 TL Räucherforelle, klein geschnitten
2 EL Mayonnaise
1 TL Hanföl
2 Frühlingszwiebeln
Salz, 1 Prise gemahlener rosa Pfeffer
½ TL Dijon-Senf (optional)
fettarme Milch (nach Bedarf)
frische Kräuter (Estragon, Dill)
Tobiko-Rogen (Asia-Laden) oder Kaviar
4–6 grüne oder schwarze Oliven ohne Kerne (optional)

Die Eier pellen und abkühlen lassen. Halbieren und das Eigelb mit einem kleinen Löffel auslösen. Eigelb mit Räucherforelle, Mayonnaise, Hanföl und Frühlingszwiebeln mit dem Pürierstab zu einer Creme pürieren. Mit Salz und Pfeffer abschmecken und nach Wunsch Dijon-Senf hinzufügen. Bei Bedarf Milch einrühren. Die halben Eier mit der Creme füllen. Mit Kräutern, Tobiko-Rogen und in Scheiben geschnittenen Oliven garnieren. Mit Frischhaltefolie abdecken und vor dem Servieren ½ bis 1 Stunde abkühlen lassen.

Spiegelei mit Räucherhering und Kalbsleber

Brotpudding
herzhaft

12 Portionen

4–5 Omega-3-Eier

750 ml fettarme Milch

Salz und frisch gemahlener schwarzer Pfeffer

1 Leinsamenbrot

5 Scheiben magerer Kochschinken oder Räucherlachs

10–20 Stangen grüner Spargel, in 2 cm lange Stücke geschnitten

2 gehackte Schalotten

5–6 getrocknete Tomatenhälften, gehackt

Öl für die Form

4 EL geriebener Parmesan

100 g klein gehackter Mozzarella light

Die Eier verquirlen und mit der Milch verrühren. Salzen und pfeffern. Das Brot in Würfel schneiden und in eine mit Öl eingefettete Kastenform füllen. Die Eimasse darübergießen und mindestens 4 Stunden, am besten über Nacht, einziehen lassen. Den Schinken oder Räucherlachs klein schneiden. Die obere Hälfte des Brotes aus der Form heben. Schinken, Spargel, Schalotten und getrocknete Tomaten mischen, in die mit Öl eingepinselte Form geben und mit der oberen Brotschicht bedecken. Das Ganze im vorgeheizten Backofen bei 190 °C 45 Minuten backen. Mit Parmesan und Mozzarella bestreuen und weitere 10 bis 15 Minuten überbacken, bis der Käse geschmolzen ist.

Gefüllte Pfirsiche
mit Ricotta und Walnüssen

4 Portionen

4 Walnüsse

2 mittelgroße Pfirsiche

2 EL Ricotta

1 EL Honig

2 TL Pfirsichlikör (optional)

Thymiansirup

60 g Zucker

1 Thymianzweig

Saft einer mittelgroßen Zitrone

Tipp
Wenn Sie Dosenpfirsiche verwenden, mischen Sie für den Thymiansirup 125 ml Wasser mit 125 ml Sirup aus der Dose.

250 ml Wasser zum Kochen bringen und den Zucker darin auflösen. Thymianzweig hinzugeben, Zitronensaft einrühren und den Sirup bei schwacher Hitze köcheln lassen. Die Walnüsse fein hacken. Pfirsiche schälen und den Kern entfernen. Die Pfirsichhälften in dem Sirup pochieren und darin abkühlen lassen. Ricotta cremig schlagen. Honig, gehackte Walnüsse und nach Wunsch etwas Pfirsichlikör hinzufügen. Die Mitte der Pfirsichhälften mit der Ricottacreme füllen. Lauwarm oder kalt mit dem Sirup servieren.

Brotpudding

Frühstück und Brunch 71

Gebratene Polentaschnitten

Herzhafte Variante

4-6 Portionen

- 250 g feiner Maisgrieß
- 500 ml Hühnerbrühe
- 2 TL Rapsöl
- 125 g geriebener Parmesan

Karamellisierte Zwiebeln

- 1 mittelgroße Zwiebel
- 1 EL Olivenöl
- 1 TL Balsamico

Zum Garnieren

- 2 Scheiben Räucherlachs
- 150 g fettarmer Frischkäse
- Rucola oder Sprossen (Klee, Sonnenblumen)

Den Maisgrieß in die kochende Hühnerbrühe einrühren. Bei schwacher Hitze unter Rühren einige Minuten köcheln lassen, bis die Polenta gar ist. Von der Herdplatte nehmen. 1 Teelöffel Rapsöl und den Parmesan unterrühren. Die Masse auf ein mit Backpapier ausgelegtes Backblech streichen und ca. ½ Stunde abkühlen lassen. In kleine Dreiecke oder ca. 5 cm große Quadrate schneiden. Mit Frischhaltefolie abdecken und über Nacht im Kühlschrank aufbewahren. In der Pfanne mit dem restlichen Öl braten und heiß oder lauwarm servieren.

Für die karamellisierten Zwiebeln die Zwiebel in Ringe schneiden und in einer beschichteten Pfanne bei mittlerer Hitze in Olivenöl braten. Den Balsamico darüberträufeln und weiterbraten, bis die Zwiebelringe goldbraun sind und der Balsamico verkocht ist. Die Zwiebeln auf Küchenkrepp abtropfen lassen. Zum Garnieren den Lachs in 3 cm breite Streifen schneiden. Mit den karamellisierten Zwiebeln auf den Polentaschnitten anrichten und mit Frischkäse und Rucola oder Sprossen servieren.

Süße Variante

4-6 Portionen

- 500 ml fettarme Milch
- 60 g Zucker
- 1 gehäufter TL abgeriebene Orangenschale (unbehandelt)
- 250 g getrocknete Cranberrys
- 250 g feiner Maisgrieß
- 1 EL Walnussöl
- 2 EL gehackte Walnusskerne
- 1 TL gemahlene Leinsamen

Beilagen

- fettarmer Frischkäse mit Früchten
- frische Früchte (Pflaumen, Orangen, Trauben)

Milch mit Zucker, abgeriebener Orangenschale und Cranberrys aufkochen. Maisgrieß einstreuen und ausquellen lassen. Von der Herdplatte nehmen. Walnussöl, Walnusskerne und Leinsamen einrühren. Weiter verfahren wie bei der herzhaften Polenta und mit Frischkäse oder frischen Früchten servieren.

Gebratene Polentaschnitten

Frühstück und Brunch

Joghurt
mit Zimthonig-Müsli

4 Portionen

375 ml fettarmer Natur- oder Vanillejoghurt

frische Früchte (Beeren, Apfel- oder Pfirsichschnitze)

Müsli

375 g Haferflocken

60 g Sesamkörner

1 TL gemahlene Leinsamen

60 g gemischte Kürbiskerne und Hanfsamen, gehackt

125 g gemischte Kerne, gehackt (Pekannuss-, Pistazien-, Pinien-, Walnuss- oder Mandelkerne)

180 g gehackte Trockenfrüchte (Datteln, Rosinen, Blaubeeren oder Aprikosen)

Zimthonig

250 ml milder Honig

2 Sternanis

1 Prise Nelkenpulver

1 Zimtstange oder ¼ TL Zimtpulver

Für den Zimthonig den Honig mit den Gewürzen 5 bis 8 Minuten bei mittlerer Hitze köcheln lassen. Abkühlen lassen und die Gewürze herausnehmen. Die Müslizutaten in einer Schüssel mischen. Den warmen Honig über das Müsli gießen und alles gut vermengen. Den gekühlten Joghurt in Glasschalen mit dem Müsli und den frischen Früchten servieren.

Tipp

Kardamom und ein Spritzer Orangenblüten- oder Rosenwasser verleihen der Buchweizengrütze ein mildes, orientalisches Aroma. Probieren Sie den Buchweizengrieß auch mit Mandel-, Reis- oder Sojamilch mit Vanillegeschmack.

Buchweizengrieß
glutenfrei

4 Portionen

160 g Buchweizengrieß

1 Prise Salz

1 Prise Zimt

1 kleiner, geriebener Apfel (Gala, Empire, Cortland)

1 EL gehackte Rosinen

2 TL gemahlene Leinsamen

Walnusskerne oder geschälte Hanfsamen

1 EL Ahornsirup

Zum Garnieren

fettarmer Naturjoghurt

Obstkompott

830 ml Wasser zum Kochen bringen. Buchweizengrieß, Salz, Zimt, Äpfel und Rosinen einrühren. Den Herd herunterschalten. Den Grieß 8 bis 10 Minuten ausquellen lassen, von Zeit zu Zeit umrühren. Von der Herdplatte nehmen und Leinsamen und Walnusskerne unterrühren. Nach Geschmack garnieren und lauwarm mit Ahornsirup servieren.

Joghurt mit Zimthonig-Müsli

Waffeln, herzhaft oder süß
mit Kamutmehl

4 Portionen

- 30 g Butter oder Olivenöl aus dem Zerstäuber
- 2 Omega-3-Eier
- 250 ml fettarme Milch
- 250 g Kamutmehl
- 30 g Zucker
- ¼ TL feines Meersalz
- 1 Prise Zimt (optional)
- 3 EL gemahlene Leinsamen (optional)
- 1 EL Walnussöl

Herzhafter Belag

- 1 gekochtes Ei
- gebeizter Lachs und Sauerrahm
- fettarmer Joghurt oder Frischkäse und Räucherfisch

Süßer Belag

- Puderzucker oder Rohrohrzucker (nach Geschmack)
- frische Früchte, klein geschnitten
- fettarmer Vanille- oder Fruchtjoghurt
- Schokoladensauce (s. rechts)

Schokoladensauce

- 100 g Bitterschokolade (70 % Kakao)
- 1 EL abgeriebene Orangenschale (unbehandelt)
- 1 TL Walnussöl
- 2 EL Ahornsirup
- 1 EL geschälte Hanfsamen oder fein gehackte Walnusskerne (optional)
- 125 ml fettarme Milch

Butter in der Pfanne zerlassen. Die Eier trennen. Das Eiweiß steif schlagen. Das Eigelb mit der Milch verquirlen. Mehl in eine Schüssel sieben. Zucker, Salz, Zimt und gemahlene Leinsamen hinzufügen. Die Milch und das Walnussöl nach und nach unterrühren. Eiweiß vorsichtig unterheben. Das Waffeleisen mit der flüssigen Butter bepinseln oder mit Olivenöl besprühen. Den Teig in das Eisen geben und je nach Hitzegrad 3 bis 4 Minuten backen. Abkühlen lassen. Mit dem herzhaften oder süßen Belag servieren oder einfach mit Puderzucker bestreuen.

Für die Schokoladensauce die Schokolade im Wasserbad schmelzen. Von Zeit zu Zeit umrühren. Von der Herdplatte nehmen. Abgeriebene Orangenschale, Öl, Ahornsirup, Hanfsamen oder Walnüsse und Milch einrühren. Auf den Waffeln verteilen.

Waffeln, herzhaft oder süß

Frühstück und Brunch

Arme Ritter
mit Safran

4 Portionen

2–3 EL Rohrohrzucker oder Honig
1 TL weiche Butter
125 g Trockenfrüchte (Pflaumen, Feigen, Rosinen)
125 g Walnusskerne
250 g Birnen (Bosc), in Würfel geschnitten
4–5 Sternanissamen
250 ml fettarme Milch
60 ml Honig
3–4 Safranfäden (nach Geschmack)
5 Omega-3-Eigelb
Rosenwasser (optional)
Orangenblütenwasser (optional)
8 Scheiben Weißbrot vom Vortag
Olivenöl oder Butter

Rohrohrzucker oder Honig mit Butter in der Pfanne erhitzen, bis beides flüssig ist. Trockenfrüchte, Walnusskerne, Birnen und Sternanissamen einrühren und einige Minuten lang anrösten. Den Herd herunterschalten. Die Milch in einem Topf erhitzen. Honig und Safran einrühren. Abkühlen lassen und die Milch durch ein Sieb schütten. Eigelb mit der Milch in einer Schüssel verquirlen und nach Wunsch mit Rosen- oder Orangenblütenwasser aromatisieren. Einen Teil der Milch in einen tiefen Teller gießen. Weißbrot in Scheiben schneiden. Eine Scheibe nach der anderen in den Teller legen, in der Milch ziehen lassen und einmal wenden. Öl oder Butter in der Pfanne erhitzen und das getränkte Brot von beiden Seiten darin goldbraun rösten. Mit den Früchten und Walnüssen und nach Geschmack mit warmem Honig servieren.

Amerikanische Pancakes

4 Portionen

500 g Weizenvollkornmehl
2 TL Speisestärke
1 TL Backpulver
1 Prise feines Meersalz
2 EL Raps- oder Walnussöl
2 Omega-3-Eier
500 ml Buttermilch
180 g Blaubeeren, tiefgefroren
Öl zum Braten

Belag

Ahornsirup
frische Früchte
gemahlene Leinsamen

Mehl, Speisestärke, Backpulver und Salz vermischen und in eine große Schüssel sieben. Öl, Eier und Buttermilch hinzufügen und alles zu einem flüssigen Teig verrühren. Den Teig ½ Stunde ruhen lassen. In der Zwischenzeit die Blaubeeren in lauwarmem Wasser auftauen und in den Teig geben. Etwas Öl in eine Crêpepfanne geben und bei mittlerer Hitze nacheinander 8 dünne Pfannkuchen jeweils 30 Sekunden auf jeder Seite backen. Vor jedem Pfannkuchen die Pfanne neu einfetten. Die Pfannkuchen warm stellen und mit Ahornsirup, Früchten und Leinsamen servieren.

Tipp

Verdoppeln Sie die Teigmenge und frieren Sie die übrig gebliebenen Pfannkuchen ein. Sie können im Backofen oder Toaster wieder aufgewärmt werden und sind perfekt für ein improvisiertes Frühstück oder einen spontanen Brunch.

Arme Ritter mit Safran

Frühstück und Brunch

Walnuss-Soufflés
mit exotischer Salsa und Käsesauce

4 Portionen

- Rapsöl für die Förmchen
- 4 Walnusskerne
- 3 Omega-3-Eier
- 1 EL gemahlene Leinsamen
- Salz und gemahlener weißer Pfeffer
- 1 Prise geriebene Muskatnuss
- einige Salatblätter

Käsesauce

- ½ TL Maisstärke
- 800 ml fettarme Milch
- 60 g geriebener Parmesan
- 1 Omega-3-Eigelb
- 1 Prise Curry (optional)
- gemahlener grüner oder schwarzer Pfeffer

Exotische Salsa

- 1 EL Honig (optional)
- 2–3 zerstoßene Pfefferkörner
- 250 g Karotten, in Würfel geschnitten
- 250 g Kirschtomaten, geviertelt
- 250 g klein geschnittene Ananas
- ½ TL Limetten- oder Zitronensaft
- 1 TL Walnussöl
- 250 ml Ananassaft oder grüner Tee
- 1 TL gemahlene Leinsamen
- 1–2 TL frischer Koriander, gehackt

Den Backofen auf 180 °C vorheizen. 4 Souffléförmchen mit Öl einfetten. Walnusskerne mahlen und zur Seite stellen. Die Eier trennen. Das Eigelb mit den gemahlenen Walnusskernen und den Leinsamen verrühren und mit Salz und Pfeffer würzen. Eine Prise Muskat hinzufügen. Das Eiweiß steif schlagen und vorsichtig unter das Eigelb heben. Die Mischung in die Souffléförmchen füllen. Eine Saftpfanne bis zur Hälfte mit heißem Wasser füllen, Souffléförmchen hineinstellen und im Backofen ca. 25 Minuten backen.

Für die Käsesauce die Maisstärke in einem Teelöffel Wasser auflösen und die Milch in einem Topf zum Kochen bringen. Die Maisstärke zugeben und die Milch noch einmal unter Rühren aufkochen lassen. Den Herd herunterschalten und den Käse einrühren. Die Sauce von der Herdplatte nehmen und das Eigelb in der Sauce verrühren. Mit Curry und Pfeffer abschmecken.

Für die Salsa den Honig mit dem zerstoßenen Pfeffer erwärmen. Karotten, Tomaten und Ananas in eine Schüssel geben. Limetten- oder Zitronensaft, den warmen Honig und das Walnussöl hinzufügen und alles gut vermischen. Den Ananassaft oder grünen Tee dazugießen und die Sauce mindestens 1 Stunde ziehen und erkalten lassen. Mit Leinsamenkörnern und frischem Koriander bestreuen.

Die fertigen Soufflés nach Wunsch aus den Förmchen lösen oder darin belassen. Mit der warmen Käsesauce, der kalten Salsa und Salatblättern servieren.

Walnuss-Soufflés

Frühstück und Brunch 81

Rosinenmuffins
mit Nussstreuseln

12 Muffins

2 Omega-3-Eier
125 ml Oliven- oder Rapsöl
125 ml Honig
375 g Kamut- oder Weizenvollkornmehl
2 EL Speisestärke
½ TL Muskat
1 TL Salz
180 ml Buttermilch
250 g gehackte Rosinen
Öl und Mehl für die Form

Streusel

60 g kalte Butterflöckchen, halb gesalzen
125 g Kamutmehl
60 g Rohrohrzucker
80 g gemischte gemahlene Kerne (Walnuss-, Pekannuss-, Pistazienkerne)

Den Backofen auf 175 °C vorheizen. Die Zutaten für die Streusel zu einem krümeligen Teig verkneten und zur Seite stellen. Muffinformen einfetten und mit Mehl bestäuben. Die Eier mit Öl und Honig verquirlen. Mehl, Speisestärke, Muskat und Salz mischen und in eine Schüssel sieben. Abwechselnd mit der Buttermilch in die Ei-Honig-Mischung rühren. Die Rosinen mit Mehl bestäuben und in den Teig rühren.
Die Muffinformen zu ⅔ mit dem Teig füllen und die Nussstreusel darüberstreuen. 18 bis 20 Minuten backen und mit Obstkompott servieren.

Schnelle Blinis

20 Portionen

125 g Buchweizenmehl
125 g Weizenvollkorn- oder Kamutmehl
½ TL Backpulver
1 Prise Meersalz
2 Omega-3-Eier
310 ml fettarme Milch
Öl für die Pfanne

Beilagen

125 ml Sauerrahm
1 TL frischer Schnittlauch oder Dill, gehackt
Salz und frisch gemahlener schwarzer Pfeffer
75 g gebeizter Räucherlachs oder -forelle
120 g Kaviar vom Stör oder Lachs

Die beiden Mehlsorten in einer Schüssel mit dem Backpulver und einer Prise Salz vermischen. Die Eier trennen. Das Eigelb mit dem Mehl und der Milch zu einem Teig verrühren. Zur Seite stellen.
Die Beilagen vorbereiten: Den Sauerrahm in einer Schüssel mit den gehackten Kräutern verrühren und mit Salz und Pfeffer würzen. Den Räucherfisch in schmale Streifen schneiden.
Für die Blinis das Eiweiß steif schlagen und unter den Teig heben. In einer beschichteten Pfanne mit etwas Öl bei mittlerer bis hoher Hitze kleine Pfannkuchen von etwa 10 cm Durchmesser backen. Sobald sie von einer Seite goldbraun sind, wenden. Pro Portion einen Klecks Sauerrahm auf die Blinis geben. Mit einem Streifen Räucherfisch und etwas Kaviar garnieren und sofort servieren.

Rosinenmuffins mit Nussstreuseln

Dattelcreme

mit Orange

20–30 Portionen

250 ml frisch gepresster Orangensaft (mit Fruchtfleisch)
500 g getrocknete Datteln, gehackt
1 EL abgeriebene Orangenschale (unbehandelt)
1 EL Walnussöl
½ TL Leinöl
1 TL Vanilleextrakt

Den Orangensaft bei schwacher Hitze in einem Topf erwärmen. Datteln und abgeriebene Orangenschale einrühren. 8 bis 10 Minuten unter Rühren köcheln lassen, bis eine Art Püree entsteht. Bei Bedarf Wasser hinzufügen. Das Püree von der Herdplatte nehmen und abkühlen lassen. Walnuss- und Leinöl hinzufügen, Vanilleextrakt unterrühren und die Masse cremig schlagen. In einem luftdicht verschlossenen Behälter im Kühlschrank aufbewahren.

Nussaufstrich

mit Ahornsirup

8–10 Portionen

60 g gehackte Mandeln oder Pekannüsse
60 g gehackte Walnusskerne
1 EL gemahlene Leinsamen
¼ TL Zimt
1 Prise Salz
250 g fettarmer Frischkäse
1 EL Ahornsirup oder Honig

Mandeln, Walnusskerne, Leinsamen, Zimt und Salz mit einer Gabel unter den Frischkäse rühren. Nach Geschmack mit Ahornsirup oder Honig süßen. In einem luftdicht verschlossenen Behälter im Kühlschrank aufbewahren.

Dattelcreme mit Orange

Salate und Zwischenmahlzeiten

Lachssalat
mit Avocado

pro Portion

- 80 g gegarter Lachs
- 1 EL Olivenöl
- 1 Scheibe Gemüsezwiebel oder eine kleine Perlzwiebel
- ½ TL gehackte Petersilie
- Salz und gemahlener schwarzer Pfeffer
- 1 kleine reife Avocado
- 10–12 Blätter Mesclun-Salat
- 1 Tomate, in Scheiben geschnitten

Vinaigrette

- 1 TL Limettensaft
- 1 EL Oliven- und Rapsöl, gemischt
- 2 Tropfen Leinöl
- ½ TL Honig
- ¼ TL Dijon-Senf
- ½ TL gehackter Estragon
- Salz und gemahlener schwarzer Pfeffer

Den Lachs mit einer Gabel in kleine Stücke zupfen und in eine Schüssel geben. Das Öl darübergießen. Die Hälfte der Zwiebel hacken, mit dem Lachs und der Petersilie vermischen und abschmecken. Den Lachs in eine mittelgroße Ausstechform drücken. Die Avocado der Länge nach in Spalten schneiden und auf einem mit Salatblättern ausgelegten Teller anrichten. Die restlichen Zwiebelringe und die Tomatenscheiben hinzufügen. Den Lachs vorsichtig aus der Form lösen und auf den Teller stürzen. Für die Vinaigrette alle Zutaten verrühren und vor dem Servieren über das Gemüse gießen.

Limetten- oder Zitronensaft über die Avocadospalten träufeln, dann werden sie nicht braun.

Räucherhering
mit Kartoffelsalat

4 Portionen

- 8 Räucherheringsfilets (à ca. 18 cm)
- 250 ml fettarme Milch
- 1–2 mittelgroße Zwiebeln
- 2 Lorbeerblätter
- 4–5 Wacholderbeeren
- 250–500 ml Raps- oder Olivenöl

Kartoffelsalat

- 500 g Kartoffeln
- 2 Frühlingszwiebeln oder Schalotten
- 2 EL gehackte Petersilie
- Oliven- und Rapsöl, gemischt
- Salz und Pfeffer

Heringsfilets auf einen tiefen Teller legen. Milch darübergießen und 24 Stunden im Kühlschrank ziehen lassen. Milch abschütten und Heringsfilets unter kaltem Wasser abspülen. Die Zwiebeln in Ringe schneiden. Abwechselnd Zwiebelringe und Heringsfilets in einen verschließbaren Behälter schichten. Lorbeerblätter und Wacholderbeeren darübergeben und mit Öl auffüllen. Den Hering je nach Geschmack 3 bis 7 Tage in der Marinade ziehen lassen. Mit Kartoffelsalat servieren.

Für den Kartoffelsalat die Kartoffeln schälen und 15 Minuten in Salzwasser kochen. Abkühlen lassen und in Würfel schneiden. Die Frühlingszwiebeln bzw. Schalotten fein hacken und mit den Kartoffeln in eine Schüssel geben. Mit Salz, Pfeffer und Petersilie abschmecken. Vor dem Servieren etwas Öl vorsichtig untermengen. Lauwarm oder kalt zum Räucherhering servieren.

Lachssalat mit Avocado

Sardinensalat
mit Zucchini

pro Portion

½ Zucchini
2–3 Blätter Kopfsalat
4–6 Brunnenkressestängel
½ TL gehackte Petersilie
1 TL gehobelter Parmesan
3 Walnusskerne (optional)
1–2 Sardinenfilets aus der Dose (oder im Backofen gegrillt)

Vinaigrette

1 Zitrone (unbehandelt)
1 TL Oliven-, Kürbiskern- oder Hanföl, gemischt
½ TL Balsamico
Salz und frisch gemahlener schwarzer Pfeffer

Die Zucchini mit einem Käsehobel in feine Streifen hobeln. Den Salat mit der Petersilie in einer Salatschüssel mischen. Für die Vinaigrette die Zitrone halbieren und die beiden Zitronenhälften in einer beschichteten Pfanne in Öl anbraten, abkühlen lassen und auspressen. Den Zitronensaft und die restlichen Zutaten für die Vinaigrette mit dem Schneebesen verrühren, über das Gemüse gießen und alles sorgfältig vermengen. Mit Parmesan und Walnusskernen bestreuen und zu den Sardinen servieren.

Mediterraner Thunfischsalat

pro Portion

1 kleines Sardellenfilet
8–6 grüne Bohnen
1 kleine Kartoffel
100 g Thunfischsteak
2 Blätter Kopfsalat
2–3 Kirschtomaten
3–4 Kalamata-Oliven
2 EL Croutons

Vinaigrette

1 TL Zitronensaft
1 TL Balsamico
2 EL Olivenöl
¼ TL gehackter Knoblauch
Basilikum und Oregano, gehackt
Salz und frisch gemahlener schwarzer Pfeffer

Die Sardellenfilets unter kaltem Wasser abspülen, 15 Minuten wässern und fein hacken. Die grünen Bohnen und die geschälte Kartoffel in getrennten Töpfen gar kochen und mit kaltem Wasser abschrecken. Die Kartoffel in Würfel schneiden. Die grünen Bohnen klein schneiden. Das Thunfischsteak in Streifen oder Würfel schneiden. Bohnen, Kartoffeln, Sardellen und Thunfisch in eine Salatschüssel geben. Die Zutaten für die Vinaigrette mit dem Schneebesen verrühren und über den Salat gießen. Einen Teller mit Salatblättern, Kirschtomaten und Oliven anrichten, den Thunfischsalat daraufgeben und mit den Croutons bestreut servieren.

Sardinensalat mit Zucchini

Nizza-Salat

pro Portion

1 kleines Sardellenfilet
1 Omega-3-Ei
1 Tomate, ohne Kerne
1 Artischockenherz
1 Streifen grüne Paprika (2,5 cm)
1 Stück Salatgurke (5 cm)
1 kleine Zwiebel
8 grüne Bohnen
4 schwarze Oliven, ohne Kerne
½ Knoblauchzehe
2–3 gehackte Basilikumblätter
1 TL Schnittlauch, in Röllchen geschnitten
½ EL Oliven- und Rapsöl, gemischt
1 TL Balsamico
Salz und gemahlener schwarzer Pfeffer

Das Sardellenfilet unter kaltem Wasser abspülen, 15 Minuten wässern und klein schneiden. Das Ei hart kochen, abschrecken und abkühlen lassen. Ei, Tomate und Artischockenherz vierteln. Paprika und Gurke in Streifen schneiden, die Zwiebel in Ringe schneiden. Alles zusammen mit Bohnen und in Scheiben geschnittenen Oliven in eine Schüssel geben und eine halbe Stunde kühl stellen. Eine Salatschüssel mit der halben Knoblauchzehe ausreiben. Die gekühlten Zutaten in der Schüssel mischen. Basilikum und Schnittlauch hinzufügen. Öl und Balsamico über den Salat träufeln und untermengen. Mit Salz und Pfeffer würzen und servieren.

Tipp
Sie können den Salat natürlich auch mit tiefgekühlten Himbeeren zubereiten. Zum Garnieren können Sie jeweils eine Mozzarella- und eine Lachsscheibe aufeinanderlegen, rollen und mit einem Schnittlauchhalm zusammenbinden.

Knackiger Salat
mit Äpfeln

pro Portion

1 Apfel (Granny Smith)
1 Scheibe Mozzarella light
1 Scheibe Räucherlachs
10–12 Blätter Mesclun-Salat
1 TL gehackte Petersilie
1–2 TL Schnittlauch, in Röllchen geschnitten
2 EL geschälte Hanfsamen

Vinaigrette

1 gehäufter EL Himbeeren
1 EL Walnussöl
2 Tropfen Leinöl
1 TL Rotweinessig
¼ TL milder Honig (nach Geschmack auch mehr)
Fleur de Sel (Feinkostladen) und gemahlener schwarzer Pfeffer

Die Zutaten für die Vinaigrette mit einer Gabel verrühren und bei Bedarf durch ein Sieb passieren. Mit Salz und Pfeffer würzen. Das Kerngehäuse des Apfels entfernen und den Apfel in Spalten schneiden. Mozzarella und Lachs in Streifen schneiden. Alles in eine Salatschüssel geben. Salatblätter, Petersilie und Schnittlauch hinzufügen. Vinaigrette darübergießen und untermengen. Abschmecken. Mit Hanfsamen bestreut servieren.

Nizza-Salat

Salat mit Entenbrust
und Orange

pro Portion

100 g Entenbrust	
50 g Feldsalat oder 1 kleiner Kopfsalat	
1 Orangenspalte ohne Haut	
1 Brötchen	

Vinaigrette

- 2 TL Rapsöl
- 1 TL Walnussöl
- ½ TL Zitronensaft
- ¼ TL abgeriebene Orangenschale (unbehandelt)
- ½ TL Sherry-Essig
- ¼ TL geriebener Ingwer
- 1 TL Honig
- gemahlener schwarzer Pfeffer oder Cayennepfeffer

Die Fettseite der Entenbrust rautenförmig einschneiden, ohne das Fleisch anzuritzen. Die Brust bei mittlerer Hitze auf der Fettseite braten. In Scheiben schneiden und zur Seite stellen. Die Zutaten für die Vinaigrette mit dem Schneebesen verrühren. Die Entenbrustscheiben mit dem Salat und der Orangenspalte auf einem Brötchen anrichten und kurz vor dem Servieren mit Vinaigrette übergießen.

Knackiger Salat
mit Beeren

pro Portion

- 40 g roter Thunfisch
- zerstoßene schwarze Pfefferkörner
- 1 Prise Meersalz
- 1 TL Raps- oder Olivenöl
- 60 g Buchweizen
- 1 kleine Frühlingszwiebel, in Ringe geschnitten
- 1 TL Kürbiskerne oder geschälte Hanfsamen
- 3–4 Blätter Romanasalat
- 125 g Beeren (Erdbeeren, Brombeeren, etc.)

Vinaigrette

- 2 Tropfen Ingwersaft aus frisch geriebenem Ingwer
- ½ TL Walnuss-, Kürbiskern- oder Rapsöl, gemischt
- 2–3 Tropfen Sesamöl
- ½ TL Limettensaft
- ½ TL Balsamico
- Zucker oder Honig
- 4 Minzblättchen, gehackt
- Salz und gemahlener schwarzer Pfeffer

Den Thunfisch mit dem zerstoßenen Pfeffer bestreuen. Nach Geschmack salzen. Salz und Pfeffer gut andrücken, damit sie haften bleiben. Den Fisch in einer Pfanne in Raps- oder Olivenöl nach Geschmack braten. In Scheiben schneiden und zur Seite stellen. Buchweizen in 125 ml Salzwasser gar kochen, abgießen und abkühlen lassen. Frühlingszwiebel und die Kerne unterrühren und zur Seite stellen. Zutaten für die Vinaigrette mit einem Schneebesen verrühren und mit dem Buchweizen mischen. Mit Salz und Pfeffer abschmecken. Buchweizen auf einem mit Salat ausgelegten Teller oder in einer Schale mit dem Thunfisch anrichten und mit Beeren verzieren.

Meeresfrüchte
auf Blätterteig

pro Portion

80 g gemischte Meeresfrüchte
80 g Räucherlachs oder -forelle
½ TL Raps- oder Olivenöl aus dem Zerstäuber
1 Packung tiefgekühlter Blätterteig (450 g)
185 g Ricotta
1 Omega-3-Ei
Salz und frisch gemahlener schwarzer Pfeffer
160 ml Tomatensauce
frische Kräuter (Oregano, Basilikum)
1 gehackte Knoblauchzehe
250 g frischer Blattspinat
schwarze Oliven, ohne Kerne
1 große Tomate, in Scheiben geschnitten
1 Zwiebel, in feine Ringe geschnitten

Den Backofen auf 190 °C vorheizen. Die Meeresfrüchte und den in Streifen geschnittenen Fisch mit ein wenig Raps- oder Olivenöl besprühen und einige Minuten in einer beschichteten Pfanne braten. Ein Backblech mit Backpapier auslegen. Die aufgetauten Blätterteigscheiben auf einer bemehlten Fläche ca. 3 mm dick zu einem ca. 20 x 30 cm großen Quadrat ausrollen, auf das Backblech legen und kühl stellen. Den Ricotta in einem Sieb abtropfen lassen und in einer Schüssel mit dem verquirlten Ei vermischen. Mit Salz und Pfeffer abschmecken. Eine dünne Schicht Tomatensauce auf den Blätterteig streichen. Die frischen Kräuter und den gehackten Knoblauch darauf verteilen. Eine Hälfte des Blätterteigs mit Spinat, Ricotta und schwarzen Oliven belegen, die andere Hälfte mit Tomatenscheiben und Zwiebelringen. Meeresfrüchte und Räucherlachs oder Räucherforelle auf dem ganzen Blätterteig verteilen. Den Belag mit Öl besprühen, damit der Fisch während des Garens nicht trocken wird. Den Blätterteig 10 bis 15 Minuten backen, bis der Teig goldbraun ist.

Feigencouscous
mit Ziegenkäse und Walnüssen

pro Portion

1 Lorbeerblatt
60 g Couscous oder Weizengrieß
1 EL gehackte Petersilie
1 EL geschälte Hanfsamen
2 frische reife Feigen
Olivenöl
Rohrohrzucker
4 Walnusskerne (Hälften)
Salz und frisch gemahlener schwarzer Pfeffer

Vinaigrette

1 TL Walnussöl
1 TL Olivenöl
½ TL Balsamico

Beilagen

Blattsalat
Spinatblättchen
25 g Ziegenkäse
25 g magerer Kochschinken

60 ml Wasser mit dem Lorbeerblatt aufkochen. Couscous oder Weizengrieß einrühren und 5 Minuten quellen lassen. Mit einer Gabel umrühren und abkühlen lassen. Petersilie und Hanfsamen unterrühren. Die Feigen waschen und mit Küchenkrepp abtupfen. Von der Spitze aus halbieren oder vierteln. Mit Olivenöl besprühen und nach Wunsch mit Rohrohrzucker bestreuen. In einer Pfanne karamellisieren und abkühlen lassen. Den Couscous auf einer Platte verteilen. Die Zutaten für die Vinaigrette mit dem Schneebesen verrühren. Die Vinaigrette über den Couscous geben und vorsichtig mit den Feigen und Walnüssen vermengen. Den Couscous nach Geschmack mit Salz und Pfeffer würzen. Auf Salatblättern und Spinatblättchen anrichten und mit Ziegenkäse und Kochschinken garnieren.

Salat

mit mariniertem Lachs

pro Portion

- ½ Kiwi, in Scheiben geschnitten
- 2 Scheiben rote Zwiebel
- ½ rosa Grapefruit, in Spalten geschnitten
- 100–125 g Lachsfilet
- Salz und frisch gemahlener schwarzer Pfeffer
- ½ TL Zitronen- oder Limettensaft
- 15–20 Blätter Mesclun-Salat

Vinaigrette

- 1 TL Zitronen- oder Limettensaft
- 1 TL Rapsöl
- 2 TL Olivenöl
- einige Tropfen Walnussöl
- ½ TL Mirin-Sauce (Asia-Laden)
- ¼ TL gehackter Ingwer
- 1 kleine Knoblauchzehe, gehackt
- 1 Prise Szechuan-Pfeffer (Asia-Laden)
- Salz und Pfeffer

Die Zutaten für die Vinaigrette verrühren und über die Kiwischeiben, Zwiebeln und Grapefruitspalten gießen. Das Ganze einige Stunden ziehen lassen. Das Lachsfilet in sehr feine Scheiben schneiden. Salzen und pfeffern. Mit Zitronen- oder Limettensaft beträufeln und 10 Minuten ziehen lassen. Salatblätter auf einem Teller anrichten. Das Obst mit den Zwiebeln und dem Lachs darauf verteilen und alles vorsichtig vermengen.

Orientalische Röllchen

mit Eifüllung

1–2 Portionen

- 1 Frühlingszwiebel, in Ringe geschnitten
- ½ Salatgurke
- 1 kleine Karotte
- 2 Blätter Reispapier (Asia-Laden)
- 2 Omega-3-Eier
- einige Tropfen Fischsauce (Asia-Laden)
- ¼ TL milde Sojasauce
- 1 TL Rapsöl
- 4 große rohe Garnelen, geschält
- 1 Prise geriebenen Ingwer
- Cayennepfeffer oder Chilipaste
- 1 Korianderstängel (optional)

Walnusssauce

- 250 g gemahlene Kerne und Samen (Walnuss- und Mandelkerne, Hanf- und Leinsamen)
- 1 TL Honig (nach Geschmack)
- 125–180 ml Wasser
- 1 EL milde Sojasauce

Die Zutaten für die Sauce mit dem Pürierstab pürieren. Zur Seite stellen. Das Gemüse in feine Streifen schneiden. Die Reispapierblätter 1 Minute in lauwarmem Wasser einweichen. In einem feuchten Küchentuch aufbewahren. Die Eier mit 2 Esslöffel Wasser verquirlen. Fisch- und Sojasauce nach Geschmack hinzufügen. ½ Teelöffel Rapsöl in einer Pfanne erhitzen. Die Frühlingszwiebel darin schwenken. Die Eiermischung in die Pfanne geben und ein Omelette backen. Das Omelette wenden und fertig backen. In zwei Hälften schneiden und abkühlen lassen. Das restliche Rapsöl erhitzen und die Garnelen darin mit Ingwer und Cayennepfeffer oder Chilipaste schwenken. Auf Küchenkrepp abtropfen lassen. Jeweils eine Hälfte des Omelettes auf ein Blatt Reispapier legen. Mit Gemüse, Garnelen und Korianderblättchen belegen, rollen und mit der Walnusssauce servieren.

Salat mit mariniertem Lachs

Mini-Frittatas
mit Chili

12 Portionen

- 1/4 TL gehackte Jalapeño-Chilischoten
- 1–2 kleine Kartoffeln, geschält
- 2 Tomaten
- ½ rote Paprika
- ½ grüne Paprika
- 1 kleine, gehackte Zwiebel
- 1–2 TL Oliven- und Rapsöl, gemischt
- 6 Omega-3-Eier
- 60 ml fettarme Milch
- Salz und Pfeffer
- 125 geriebener Cheddar oder Mozzarella light
- Öl für die Förmchen

Beilagen

- Mesclun- und Kopfsalat
- 1 Salatgurke, geschält und in feine Scheiben geschnitten
- 12 Brötchen, in Scheiben geschnitten

Den Backofen auf 190 °C vorheizen. 12 Muffinformen einfetten. Den Jalapeño-Chili sehr fein hacken. Die Kartoffeln in dünne Scheiben schneiden. Die Tomaten halbieren und die Kerne entfernen. Tomaten und Paprika in kleine Würfel schneiden. Die Zwiebel in einer Pfanne in Öl glasig dünsten. Kartoffeln hinzufügen und einige Minuten braten. Die Eier verquirlen. 6 Esslöffel Wasser und Milch einrühren. Mit Salz und Pfeffer würzen. Den Boden der Muffinformen mit jeweils 1 Esslöffel Bratkartoffeln bedecken. Tomaten, Paprika und Chili darübergeben und die Formen mit der Eiermischung fast bis zum Rand auffüllen. Die Frittatas 15 Minuten backen, weitere 5 Minuten mit dem Käse überbacken. Abkühlen lassen. In Gefrierbeuteln im Kühlschrank aufbewahren. Mit Salatblättern, Gurkenscheiben und Brot servieren.

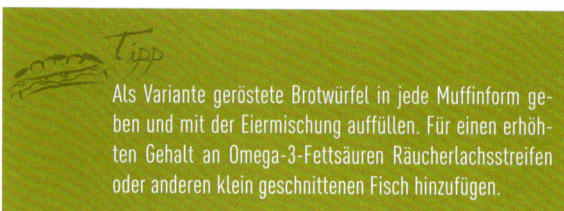

Tipp
Als Variante geröstete Brotwürfel in jede Muffinform geben und mit der Eiermischung auffüllen. Für einen erhöhten Gehalt an Omega-3-Fettsäuren Räucherlachsstreifen oder anderen klein geschnittenen Fisch hinzufügen.

Arme Ritter
mit Kräutern

5 Portionen

- 5 Scheiben Weizenvollkornbrot (vom Vortag)
- 250 ml fettarme Milch
- 1 Rosmarinzweig
- 1 kleiner Thymian- oder Estragonzweig
- 2 Omega-3-Eier
- Salz und frisch gemahlener schwarzer Pfeffer
- 1 Frühlingszwiebel, in Ringe geschnitten
- Butter für die Pfanne

Die Brotscheiben halbieren. Die Milch mit den frischen Kräutern in der Milch erhitzen, aber nicht kochen lassen. Durch ein Sieb schütten. Die Eier mit der Milch verquirlen und mit Salz und Pfeffer würzen. Die Frühlingszwiebel hinzufügen. Die Brotscheiben in der Eiermischung ziehen lassen, wenden. Butter in einer Pfanne erhitzen. Die Brotscheiben darin rösten. Mit Frischkäse, Früchten, Nüssen oder geräuchertem Fisch servieren.

Mini-Frittatas mit Chili

Zwiebelmuffins
mit Räucherlachs

12 Portionen

- 3 Zwiebeln (rote oder normale)
- 3 EL Rapsöl
- 1 EL weiche Butter
- 40 g Räucherlachs oder -forelle
- 500 g Dinkelmehl
- ½ TL Backpulver
- 2 EL Speisestärke
- 1 Prise Salz
- 1 großes Omega-3-Ei
- 215 ml Buttermilch
- 1 EL grobkörniger Senf (optional)
- 2 EL milder Honig

Beilage: Karottensalat mit Apfel und Nüssen
4-6 Portionen

- 1 Apfel, in Würfel geschnitten (Delicious, Empire)
- 125 ml Wasser
- ¼ TL Salz
- 1 EL Zitronensaft
- 500 g geriebene Karotten
- 60 ml Walnuss- und Olivenöl, gemischt
- 80 g gehackte Walnusskerne
- 1 EL gehackte Petersilie
- ½ TL Currypulver
- Salz und frisch gemahlener schwarzer Pfeffer

Papierbackförmchen in die Muffinformen setzen. Die Zwiebeln in feine Streifen schneiden. Rapsöl in eine Pfanne geben und die Zwiebeln darin 20 Minuten unter Rühren bei schwacher Hitze anbraten, bis sie braun sind. Vom Herd nehmen. Die Butter hinzufügen und das Ganze abkühlen lassen. Den Backofen auf 180 °C vorheizen. Räucherlachs oder Räucherforelle in Würfel schneiden. Dinkelmehl und Backpulver mischen und mit der Speisestärke und dem Salz in eine Schüssel sieben. Das Ei mit der Buttermilch verquirlen, Senf und Honig dazugeben und das Ganze in die Mehlmischung rühren. Fisch und Zwiebeln hinzufügen und alles miteinander verrühren. Die Muffinformen zu ⅔ mit dem Teig füllen und 20 Minuten backen. Abkühlen lassen. Lauwarm mit dem Salat servieren.

Für den Salat Salz und Zitronensaft in 125 ml Wasser geben und die Apfelwürfel kurz darin einlegen. Die übrigen Zutaten mischen, die abgetropften Apfelstücke untermengen und eine Stunde lang im Kühlschrank ziehen lassen.

Tipp
Wenn Sie keine Buttermilch für die Muffins haben, rühren Sie einen Teelöffel Zitronensaft oder Essig in 125 ml fettarme Milch und lassen Sie die Milch 10 bis 15 Minuten bei Zimmertemperatur ziehen, bevor Sie sie weiterverwenden.

Zwiebelmuffins

Salate und Zwischenmahlzeiten

Kleine Brote
mit Thunfisch und Kräutern

6 Portionen

Öl und Mehl für die Kastenform
250 g bunte Paprika
80–100 g Thunfisch aus der Dose
1 gehackte Schalotte
250 g Weizen- oder Kamutmehl
½ TL Backpulver
1 TL Speisestärke
2 TL getrocknete Kräutermischung (Oregano, Thymian und Basilikum)
3 Omega-3-Eier
125 ml fettarme Milch
1 EL Rapsöl
1 kleine Knoblauchzehe, fein gehackt
4 Tropfen Tabasco (optional)
½ TL feines Meersalz
½ TL schwarzer Pfeffer
grüner Salat

Den Backofen auf 175 °C vorheizen. Kleine Kastenformen oder eine große Kastenform mit Öl einfetten und mit Mehl bestäuben. Den Boden der Formen mit Backpapier auslegen. Paprika in Würfel schneiden. Thunfisch gut abtropfen lassen und zerfasern. Zur Seite stellen. Die Paprikawürfel mit der Schalotte einige Minuten in etwas Öl anbraten. Mehl mit Backpulver mischen und mit der Speisestärke und den getrockneten Kräutern in eine Schüssel geben. Mit dem Handrührgerät nacheinander die Eier, die Milch und das Rapsöl unterrühren. Thunfisch, Paprika und Knoblauch unterheben. Nach Wunsch mit Tabasco würzen. Mit Salz und Pfeffer abschmecken. Den Teig in die Form füllen und 30 bis 40 Minuten backen. Einen Zahnstocher in die Mitte des Brotes stecken und wieder herausziehen. Bleibt kein Teig mehr daran haften, ist das Brot fertig. Aus dem Backofen nehmen und abkühlen lassen. Aus der Form nehmen und lauwarm mit grünem Salat servieren.

Salat
mit Räucherlachs

pro Portion

1 EL fettarmer Frisch- oder Ziegenfrischkäse
1 TL Blauschimmelkäse
2 Scheiben Räucherlachs (20–25 g)

Vinaigrette

1 TL Walnussöl
½ TL Balsamico
¼ TL zerstoßene Anissamen
Salz und schwarzer Pfeffer

Beilagen

15–20 Salatblätter (Rucola, Mesclun)
1 Birne oder Apfel
1 TL Kapern
gehackte Petersilie
1 Scheibe geröstetes Brot (optional)
2 Walnusskerne

Frischkäse und Blauschimmelkäse mit einer Gabel zerdrücken und gut miteinander vermischen. Für die Beilagen den Salat klein schneiden und auf einem Teller anrichten. Die Birne oder den Apfel vierteln und ein Viertel zu dem Salat legen. Die Zutaten für die Vinaigrette mit dem Pürierstab mixen und über den klein geschnittenen Salat und das Obst gießen. Kapern und Petersilie darauf verteilen und mit geröstetem Brot, gerollten Lachsscheiben und der Käsecreme servieren. Mit den Walnusskernen garnieren.

Kleine Brote mit Thunfisch und Kräutern

Gefüllte Eier

mit Krebsfleisch und Avocado

8 Portionen

50 g Krebsfleisch
8 gekochte Omega-3-Eier
1 Frühlingszwiebel, in Ringe geschnitten
½ reife Avocado
2 EL Sauerrahm oder fettarmer Naturjoghurt
3 EL Mayonnaise (normale oder Mayonnaise mit **Rapsöl**)
1 TL Dijon-Senf
1 EL Rapsöl
1 TL gehackter Estragon
2–3 EL fettarme Milch (optional)
Salz und gemahlener schwarzer Pfeffer

Zum Garnieren

2 EL Krabben
frische gehackte Kräuter (Dill, Schnittlauch)
1 TL geschälte Hanfsamen

Das Krebsfleisch abtropfen lassen und zur Seite stellen. Die gekochten Eier pellen und erkalten lassen. Halbieren und mit einem Löffel das Eigelb herausnehmen. Zur Seite stellen. Das Eigelb mit dem Krebsfleisch und den übrigen Zutaten mit dem Pürierstab zu einer Creme pürieren. Sollte die Masse zu dick sein, etwas fettarme Milch oder Wasser hinzufügen. Mit Salz und Pfeffer abschmecken. Die Eihälften mit der Creme füllen, nach Wunsch einen Spritzbeutel verwenden. Die gefüllten Eier mit Krabben, Kräutern und Hanfsamen verzieren. Mit Frischhaltefolie bedeckt ½ bis 1 Stunde vor dem Servieren in den Kühlschrank stellen.

> **Tipp**
> Gefüllte Eier lassen sich sehr gut am Vortag vorbereiten. Die Eihälften und die Creme in luftdicht verschlossenen Behältern im Kühlschrank aufbewahren.

Gefüllte Eier

mit Thunfisch und gebratenem Paprika

8 Portionen

8 gekochte Omega-3-Eier
2 EL roter Paprika, gewürfelt und in Öl gebraten
40 g Thunfisch aus der Dose
1 TL Tomatenmark
1–2 TL Meerrettich (optional)
1 kleine gehackte Knoblauchzehe
6 EL Mayonnaise
1 TL Zitronensaft
1 Prise Cayennepfeffer
2–3 EL fettarme Milch (optional)
Salz und gemahlener schwarzer Pfeffer
gehackte Petersilie

Die gekochten Eier pellen und abkühlen lassen. Die Paprikawürfel auf Küchenkrepp abtropfen lassen. Die Eier halbieren und mit einem Löffel das Eigelb herausnehmen. Das Eigelb mit dem Paprika und den übrigen Zutaten mit dem Pürierstab zu einer Creme pürieren. Sollte die Masse zu dick sein, etwas fettarme Milch oder Wasser hinzufügen. Mit Salz und Pfeffer abschmecken. Die Creme in einen Spritzbeutel geben und die Eihälften damit füllen. Mit gehackter Petersilie garnieren. Mit Frischhaltefolie bedeckt ½ bis 1 Stunde vor dem Servieren in den Kühlschrank stellen.

Gefüllte Eier

Salate und Zwischenmahlzeiten 107

Parmesanbrot
ohne Mehl

4–6 Portionen

500 g gemahlene Mandeln
125 g gemahlene Walnüsse
1 EL Speisestärke
½ TL feines Meersalz
2 Omega-3-Eier
2 EL Butter, flüssig
200 ml fettarmer Naturjoghurt
125 g geriebener Parmesan
Öl für die Form

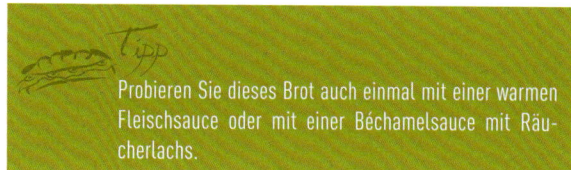

Tipp: Probieren Sie dieses Brot auch einmal mit einer warmen Fleischsauce oder mit einer Béchamelsauce mit Räucherlachs.

Den Backofen auf 180 °C vorheizen. Eine ca. 20 x 10 cm große Kastenform mit Öl einfetten. Mandeln, Walnüsse und Speisestärke in einer Schüssel mischen. Die übrigen Zutaten in einer zweiten Schüssel mischen. Beides sorgfältig zu einem Teig verrühren, in die Kastenform geben und ca. 45 Minuten backen. Einen Zahnstocher in die Mitte des Brotes stecken und wieder herausziehen. Bleibt kein Teig mehr daran haften, ist das Brot fertig gebacken. Aus dem Backofen nehmen und abkühlen lassen. Die Form stürzen, das Brot in Scheiben schneiden und getoastet mit Kichererbsensalat servieren.

Kichererbsensalat
mit Walnüssen

4–6 Portionen

1 gegrillte rote Paprika, klein geschnitten
1 klein geschnittene Zucchini
500 g gekochte Kichererbsen
2 TL Tomatenmark
3 EL gehackte Walnusskerne
60 ml Hanf- oder Rapsöl
jeweils ½ TL Kreuzkümmel, Koriander, frisch geriebener Ingwer, abgeriebene Limettenschale (unbehandelt) und gehackter Knoblauch, gemischt
Salz und frisch gemahlener schwarzer Pfeffer
gemahlene Leinsamen (optional)

Alle Zutaten miteinander vermengen und 1 Stunde ziehen lassen. Auf Sandwichs oder Broten mit Salatblättern servieren. In einem luftdicht verschlossenen Behälter im Kühlschrank aufbewahren.

Parmesanbrot ohne Mehl

Kichererbsensalat mit Walnüssen

Salate und Zwischenmahlzeiten

Lachsburger

4 Portionen

400 g Lachs
1 Eiweiß
4 EL Reismehl (Asia-Laden)
2 TL abgeriebene Limettenschale (unbehandelt)
1 TL gehackter Ingwer
Salz und 1 Prise Cayennepfeffer
½ TL Raps- und Olivenöl, gemischt

Limettensauce (optional)

Saft von 2 Limetten
4 EL Rapsöl
2 EL Walnussöl
1 TL Sojasauce
1 TL Honig

Beilage

4 Vollkorn-Kaisersemmeln
selbst gemachte Mayonnaise (s. Rezept S. 30)
2 EL gehackte rote Zwiebeln
2 EL gehackte Petersilie

Den Lachs grob hacken. Das Eiweiß schaumig schlagen. Die übrigen Zutaten bis auf das Öl vermengen und Eiweiß und Lachs unterheben. Aus jeweils 4 bis 5 Esslöffeln Teig Burger formen. Für die Limettensauce alle Zutaten gut miteinander verrühren. In einer beschichteten Pfanne mit Öl die Burger je nach Dicke 3 bis 4 Minuten von jeder Seite braten. Nach Geschmack mit Limettensauce ablöschen. Die Burger auf Küchenkrepp abtropfen lassen. Die Kaisersemmeln aufschneiden und mit der hausgemachten Mayonnaise bestreichen. Mit Salatblättern und jeweils einem Burger belegen und mit roten Zwiebeln und Petersilie garniert servieren.

> **Tipp:** Ersetzen Sie die Limette und den Ingwer durch 1 Esslöffel Dijon-Senf und 1 Teelöffel Paprikapulver.

Birnensalat
mit Granatapfel

4 Portionen

4 Birnen (Anjou, Bartlett)
Saft von einer kleinen Zitrone
2 TL Blauschimmelkäse (z. B. Stilton)
8 TL Ziegenfrischkäse
1 TL Cognac (optional)
1–2 EL fettarme Milch (optional)
zerstoßene schwarze Pfefferkörner
12 Walnusskerne (Hälften)
Croutons
4–8 Salatblätter (Kopf-, Eisbergsalat)

Granatapfel-Vinaigrette

½ Vanilleschote
125 ml Granatapfelsaft
60 ml Walnussöl
1 TL Leinöl

Die Birnen halbieren und das Kerngehäuse entfernen. Mit Zitronensaft beträufeln, damit sie nicht braun werden. Blauschimmelkäse, Ziegenfrischkäse und Cognac mit einer Gabel zu einer Creme verrühren. Bei Bedarf etwas Milch hinzufügen. Mit Pfeffer abschmecken. Walnusskerne halbieren. Die Käsecreme in die Mitte der Birnenhälften geben und mit einem Walnussstück garnieren. Die Birnen vor dem Servieren mit Frischhaltefolie bedeckt einige Stunden im Kühlschrank aufbewahren.
Für die Granatapfel-Vinaigrette das Mark aus der halben Vanilleschote kratzen und mit den restlichen Zutaten verrühren. Vinaigrette über die gefüllten Birnen (nach Geschmack können auch Äpfel verwendet werden) gießen. Mit Croutons, den restlichen Walnusskernen und Salatblättern garniert servieren.

> **Tipp:** Die Granatapfel-Vinaigrette passt auch gut zu Obstsalat.

Lachsburger

Sandwich
mit Lachs

2 Portionen

| 4 Scheiben Parmesanbrot (s. Rezept S. 108) |
| Olivenöl aus dem Zerstäuber |
| **4 Scheiben Räucherlachs** |
| 4 TL Dijon-Senf |
| 125 g klein gehackter Mozzarella light |

Béchamelsauce

| **1 EL Rapsöl** |
| 1 TL Mehl |
| 180 ml fettarme Milch |
| 1 Prise Muskat |
| Salz und Pfeffer |

Zum Garnieren (je nach Geschmack)

| 2 EL schwarze Oliven, ohne Kerne, in Scheiben |
| 1 EL Kapern |
| gebratene Zwiebelringe |
| 1 TL gehackter Dill |
| 24 Spinatblättchen |
| 6–8 Stangen grüner Spargel, gekocht |

Für die Béchamelsauce das Öl mit dem Mehl in einer Pfanne verrühren. Nach und nach die Milch in die Mehlschwitze rühren und das Ganze bei mittlerer bis starker Hitze unter ständigem Rühren andicken lassen. Mit Muskat, Salz und Pfeffer würzen und vom Herd nehmen. Brotscheiben mit Olivenöl besprühen und im Backofen rösten. Die Brote mit Räucherlachs belegen, mit Dijon-Senf bestreichen und nach Wunsch garnieren. Etwas von der warmen Sauce darübergießen und mit Mozzarella bestreuen. Bei 200 °C 4 bis 5 Minuten im Ofen überbacken und warm servieren.

Sandwich
mit gegrilltem Thunfisch

2 Portionen

| **1–2 TL Rapsöl** |
| 6 Frühlingszwiebeln, in Ringe geschnitten |
| ¼ TL Mirin-Sauce (Asia-Laden) |
| **100 g Thunfisch** |
| ¼–½ TL milde Sojasauce |
| 1–2 TL Wermut oder Weißwein (optional) |
| ¼ TL abgeriebene Zitronenschale (unbehandelt) |
| **Rapsöl für die Pfanne** |

Zum Garnieren

| 1 rote Paprika, in Ringe geschnitten |
| 1 Korianderstängel |
| 3–4 Spinatblättchen oder Romanasalat |

Das Öl in der Pfanne erhitzen und die Frühlingszwiebeln darin anbraten. Mirin-Sauce einrühren und die Frühlingszwiebeln bei kleiner Hitze ca. 10 Minuten schmoren lassen. Auf Küchenkrepp abtropfen lassen. Den Thunfisch mit Sojasauce bestreichen, nach Geschmack Wermut oder Weißwein darüberträufeln und eine Seite mit abgeriebener Zitronenschale bestreichen. Thunfisch in Rapsöl braten und mit den Frühlingszwiebeln anrichten. Mit Paprikaringen, Koriander, Spinat- oder Salatblättchen garniert servieren.

Sandwich mit Lachs

Suppen
und Eintöpfe

Bouillons
und Fonds

Muschelfond

125 ml trockener Weißwein
1 kleine Schalotte, in feine Scheiben geschnitten
2 Selleriestangen
einige Petersilienstängel
1 Thymianzweig
frisch gemahlener schwarzer Pfeffer
1,5 kg Miesmuscheln, küchenfertig

Alle Zutaten bis auf die Muscheln in 250 ml Wasser zum Kochen bringen. Die Miesmuscheln dazugeben und zugedeckt 3 bis 4 Minuten kochen lassen, bis sie sich öffnen. Geschlossene Muscheln wegwerfen. Die Muscheln aus dem Fond nehmen und anderweitig verwerten. Den Fond von der Herdplatte nehmen und 5 Minuten ziehen lassen. Vor dem Weiterverwenden durch ein Sieb gießen.

Fischfond

1 kg Weißfischgräten
(Dorsch, **Barsch, Heilbutt, Schwertfisch**)
80 g fein gehacktes Gemüse (Zwiebeln, das Weiße einer Lauchstange, Fenchelblätter, Dill, Sellerieknolle)
1 Knoblauchzehe (optional)
30 g klein geschnittene Champignons (optional)
2 EL Rapsöl
1 EL Butter
125 ml trockener Weißwein (optional)*
Meersalz
frisch gemahlener schwarzer Pfeffer

Fischgräten säubern. Das Gemüse einige Minuten in einem Topf in Öl und Butter dünsten. Fischgräten, 1,2 Liter Wasser und Weißwein hinzufügen. 20 Minuten lang bei schwacher Hitze köcheln lassen. Von Zeit zu Zeit abschöpfen. Den Sud von der Herdplatte nehmen und 5 Minuten ziehen lassen. Salzen und pfeffern. Vor dem Weiterverwenden durch ein Sieb gießen.

*Wenn Sie den Fischfond für Suppen oder Eintöpfe mit Milch verwenden, lassen Sie den Weißwein besser weg und nehmen stattdessen mehr Wasser.

Fischfond (reich an Omega-3-Fettsäuren)

500 g Gräten und Köpfe von Fettfisch (Thunfisch, Lachs, Makrele, Forelle, Barsch)
das Grün einer Lauchstange
2 große Zwiebeln
4 Knoblauchzehen
1 Fenchelstiel
1 Thymianzweig
1 Lorbeerblatt
grobes Meersalz

Alle Zutaten in 3 Liter Wasser zum Kochen bringen. Den Herd herunterschalten und den Fond zugedeckt 20 Minuten lang bei schwacher Hitze köcheln lassen. Gräten und Köpfe abschöpfen, zerkleinern und wieder dazugeben. Das Ganze weitere 10 Minuten kochen lassen und durch ein Sieb gießen. Je nach Bedarf einen Teil des Fonds zur Weiterverwendung im Topf belassen. Den Rest einfrieren.

Bouillons und Fonds

Provenzalische Fischsuppe

4–6 Portionen

450 g Makrele
240 g Krebsfleisch
das Weiße von 4 Lauchstangen
2 gehackte Zwiebeln
8 gehackte Knoblauchzehen
1 EL Rapsöl
1 EL Olivenöl
1 kg Tomaten, in Würfel geschnitten
1 TL Safranfäden
1 EL abgeriebene Orangenschale (unbehandelt)
Salz und frisch gemahlener schwarzer Pfeffer
500 ml Fischfond
2 EL getrocknete Kräuter (Basilikum, Thymian, Bohnenkraut, Oregano)
2 EL zerstoßene Fenchelsamen oder
2–3 EL Anislikör (Pastis)

Fisch und Krebsfleisch klein schneiden. Lauch, Zwiebeln und Knoblauch unter Rühren in einem großen Topf mit Öl anschwitzen. Tomaten, Safran und abgeriebene Orangenschale hinzufügen. Das Ganze 5 bis 10 Minuten kochen lassen, mit Salz und Pfeffer abschmecken. Fischfond dazugießen und die Hitze erhöhen. Getrocknete Kräuter und Fenchelsamen oder Anislikör hinzufügen. Weitere 10 Minuten bei schwacher Hitze köcheln lassen. Fischstücke und Krebsfleisch in die Suppe geben und einige Minuten weiterköcheln lassen. Zum Servieren zuerst die Fischstücke und das Krebsfleisch in die Suppenteller geben, dann die heiße Brühe darübergießen.

Melonencreme
mit Karotten

4–6 Portionen

4 EL Buttermilch
500 g Honigmelone (Canari)
4 mittelgroße Karotten
1 kleine Schalotte, gehackt
4 Frühlingszwiebeln, in Ringe geschnitten
2 EL Hanf- oder Rapsöl
750 ml Gemüse- oder Hühnerbrühe
1 Prise Macis (Muskatblüte) oder Muskat
2 EL gehackte Petersilie
4 EL geschälte Hanfsamen

Die Buttermilch eine Stunde vor dem Kochen aus dem Kühlschrank nehmen. Die Honigmelone in Stücke, die Karotten in Scheiben schneiden. Die Schalotte und die Frühlingszwiebeln in einem großen Topf in 1 Esslöffel Öl glasig dünsten. Brühe angießen und alles zum Kochen bringen. Karotten hinzufügen und 10 Minuten bei schwacher Hitze köcheln lassen. Melonenstücke, Macis und Petersilie hineingeben und weitere 10 Minuten köcheln lassen. Die Suppe mit einem Pürierstab pürieren. Buttermilch hinzufügen und die Creme mit Salz und Pfeffer abschmecken. Einen Spritzer Hanf- oder Rapsöl hinzufügen und mit Hanfsamen bestreuen. Warm oder kalt servieren.

Provenzalische Fischsuppe

Eintopf
mit Tomaten und gegrillten Paprika

4 Portionen

2 rote Paprika
1 gehackte Schalotte
½ TL gehackter Knoblauch
1 TL Olivenöl
3 große Tomaten
250 ml Gemüsebrühe
375–500 ml Fischfond
Salz und gemahlener schwarzer Pfeffer
Raps- oder Hanföl
geschälte Hanfsamen
1 EL gehackte Petersilie

Paprika im Backofen grillen. Abkühlen lassen, Kerne entfernen und klein schneiden. Schalotte und Knoblauch in Olivenöl glasig dünsten. Tomaten in Scheiben schneiden. Gemüsebrühe und Fischfond in einem Topf zum Kochen bringen. Paprika, Schalotte, Knoblauch und Tomate hinzufügen. Den Herd herunterschalten und das Ganze bei mittlerer bis schwacher Hitze 10 bis 15 Minuten köcheln lassen. Mit dem Pürierstab pürieren. Ist die Konsistenz zu dickflüssig, Brühe oder Wasser hinzufügen. Mit Salz und Pfeffer abschmecken. Mit einem Spritzer Raps- oder Hanföl und mit Hanfsamen und Petersilie bestreut servieren.

Lachs-Gemüsesuppe
mit Miesmuscheln und Safran

4 Portionen

125 ml fettarme Milch
4–5 Safranfäden
1 große Zwiebel
450 g Miesmuscheln, küchenfertig
einige Petersilienstängel
1 Tasse Sellerieblätter
750 ml Fischfond
das Weiße von 2 Lauchstangen
8 Champignons
1 EL Rapsöl
2 EL Olivenöl
150 g Lachs, in Würfel geschnitten
2 EL Maisstärke
Salz und frisch gemahlener bunter Pfeffer

Die Milch mit dem Safran erhitzen, bis sie gelb wird und der Safran Aroma abgegeben hat. Zur Seite stellen. Die Zwiebel vierteln. 375 ml Wasser in einen Topf gießen und die Miesmuscheln darin bei kleiner Hitze mit den Zwiebelvierteln, etwas Petersilie und Sellerieblättern garen. Den Sud aufbewahren. Geschlossene Muscheln wegwerfen. Miesmuscheln aus den geöffneten Schalen auslösen und zur Seite stellen. Den Muschelsud durch ein feines Sieb gießen, mit dem Fischfond und der Safranmilch erhitzen und von Zeit zu Zeit umrühren. Lauch und Champignons in feine Scheiben schneiden und 3 bis 4 Minuten bei kleiner Hitze in Rapsöl anschwitzen. 1 Esslöffel Olivenöl hinzufügen und die Lachswürfel 2 Minuten lang mit dem Gemüse anbraten. Maisstärke in dem restlichen Olivenöl anrühren und in die fast kochende Brühe gießen. Mit Salz und buntem Pfeffer würzen. Lachswürfel, Gemüse und Muscheln unterrühren und mit frischer Petersilie servieren.

Eintopf mit Tomaten und gegrillten Paprika

Linsensuppe
indische Art

4–6 Portionen

1,2 l Hühnerbrühe
2 EL milde Currypaste
1 Scheibe Räucherlachs, in kleine Würfel geschnitten
250 g rote Linsen
3 große Tomaten, klein geschnitten oder
375 g Tomatenstücke aus der Dose
500 g Gemüse (Blumenkohl, Zucchini, Karotten, Zwiebeln), in Würfel geschnitten
1 EL Hanföl
einige Korianderstängel oder glatte Petersilie

Beilagen

indisches Nan-Brot (Fladenbrot aus Sauerteig, der mit geronnener Milch oder Joghurt gesäuert ist)

indische Papadams (hauchdünne Brotfladen aus Linsenmehl, beides aus dem Feinkost- oder Asia-Laden)

Die Brühe erhitzen. Currypaste, Räucherlachs, Linsen, Tomaten und Gemüsewürfel hinzufügen und alles ca. 15 bis 20 Minuten bei schwacher Hitze köcheln lassen, bis die Linsen weich sind. Von der Herdplatte nehmen. Hanföl einrühren, mit frischem Koriander oder Petersilie garnieren und mit den Beilagen servieren.

Suppe
von zweierlei Fisch mit Sternanis

4 Portionen

225 g Fisch (Makrele, Lachs/Forelle und Dorsch), gegart
750 ml Hühnerbrühe
1 Sternanis
4 Frühlingszwiebeln
2 kleine Pak Choi (chinesische Kohlart, Asia-Laden)
1 Karotte
2 EL Bambussprossen
4 Maiskölbchen aus dem Glas
1 gehackte Knoblauchzehe
1 EL Rapsöl
1–2 TL Mirin-Sauce (Asia-Laden)
4 Portionen japanische Soba-Nudeln (Buchweizennudeln, Asia-Laden)

Marinade

3 TL Sojasauce
1 TL Honig
3 TL abgeriebene Zitronenschale (unbehandelt)
¼ TL Leinöl, 2 EL Rapsöl und 2 TL Hanföl, gemischt

> **Tipp**
> Mit Leinöl sollte man sehr sparsam umgehen. Wegen seines intensiven Geschmacks sind wenige Tropfen völlig ausreichend. Probieren Sie zwischendurch, bevor Sie weitere Tropfen hinzufügen. Leinöl darf nicht erhitzt werden.

Den Fisch in Stücke schneiden und ½ bis 1 Stunde in der Marinade einlegen. Die Brühe mit dem Sternanis aufkochen. Das Gemüse in Streifen schneiden und mit dem Knoblauch einige Minuten in Rapsöl anbraten. Mirin-Sauce darüberträufeln. Das Gemüse auf Schalen verteilen. Die Nudeln in der Brühe kochen und auch in die Schalen geben. Den Fisch ca. 5 Minuten in der Brühe erhitzen. Fischstücke über das Gemüse verteilen und die Brühe darübergießen.

Linsensuppe indische Art

Herbstliche Suppe
mit Thunfisch und Quinoa (glutenfrei)

4–5 Portionen

1,2 l Fischfond	
1 Lorbeerblatt	
1 TL frischer Ingwer, gerieben	
125 g Quinoa	
60 g Buchweizen	
1 Zwiebel	
1 Knoblauchzehe	
2 EL Rapsöl	
1 Thunfischfilet (300 g)	
1 EL Sake (Asia-Laden) oder trockener Weißwein	
Salz und frisch gemahlener schwarzer Pfeffer	
1 mittelgroße Karotte	
500 g Muskatkürbis	
1 Paprika (rot oder gelb)	
4–5 Blätter Chinakohl	
2 EL Misopaste (Asia-Laden)	
250 ml grüner Tee (Sencha)	
½ TL gemahlener Koriander	

Gemischte Kerne in pikantem Öl

4 EL gemischte Kerne (Sonnenblumen- und Kürbiskerne, Hanfsamen, gemahlene Leinsamen)
60 ml Hanf- und Rapsölmischung mit etwas Leinöl
½ kleine scharfe Chilischote oder eine Prise Chilipulver oder etwas Chilipaste (Asia-Laden)

Die gemischten Kerne am Vorabend oder bereits einige Tage vorher zubereiten. Dazu die Kerne grob mahlen, in einen tiefen Teller geben und mit dem Öl begießen. Mit scharfem Chili würzen und ziehen lassen.
Den Fischfond mit dem Lorbeerblatt und dem Ingwer in einem Topf erhitzen. Quinoa und Buchweizen dazugeben und bei mittlerer Hitze garen. Bei Bedarf abschöpfen. Zwiebel und Knoblauch in Scheiben schneiden und in Rapsöl glasig dünsten. Thunfisch hinzufügen und einige Minuten braten. Mit dem Wein ablöschen und mit Salz und Pfeffer würzen. Zur Seite stellen. Karotte, Kürbis und Paprika in kleine Würfel schneiden, in den Fischfond geben und darin 15 Minuten bei mittlerer Hitze gar köcheln lassen. Den klein geschnittenen Chinakohl erst gegen Ende der Kochzeit zusammen mit dem Thunfisch hinzufügen. Die Misopaste im Fischfond auflösen, Tee hineingießen und verrühren. Mit gemahlenem Koriander abschmecken und die Suppe noch 5 Minuten köcheln lassen. Warm mit je einem Löffel gemischter Kerne bestreut servieren.

> **Tipp**
> Bereiten Sie eine größere Menge gemischte Kerne zu und bewahren Sie sie in einem luftdicht verschlossenen Behälter lichtgeschützt im Kühlschrank auf. Dabei darauf achten, dass die Kerne immer mit Öl bedeckt sind.

Herbstliche Suppe mit Thunfisch und Quinoa

Eintopf
mit Makrele

4 Portionen

- 200 g Makrele, küchenfertig
- 1 mittelgroße Karotte
- 2 Kartoffeln, geschält
- 1 Schalotte
- das Weiße einer Lauchstange
- 1 Selleriestange
- 2 TL Rapsöl
- 1–2 EL trockener Weißwein
- 1 l Fischfond oder Gemüsebrühe
- 2 große Omega-3-Eigelb
- rosa Pfeffer
- Meersalz
- 60 g geriebener Gruyère (optional)
- 1 EL gehackte Petersilie

Den Fisch in Stücke schneiden. Die Karotte und die Kartoffeln raspeln. Schalotte, Lauch und Sellerie hacken und in einem Topf in Rapsöl glasig dünsten. Die geraspelte Karotte, die Kartoffeln und den Fisch hinzufügen. Den Wein darübergeben. Fischfond oder Gemüsebrühe dazugießen und das Ganze zugedeckt 20 bis 30 Minuten köcheln lassen. Die Fischstücke aus dem Topf nehmen und auf Suppenschalen verteilen. Den restlichen Eintopf mit einem Pürierstab pürieren. Eigelb in einer Schüssel mit einigen Löffeln heißer Brühe verquirlen und den Eintopf damit binden. Mit rosa Pfeffer und Meersalz abschmecken. Mit geriebenem Käse und Petersilie garniert servieren.

Wan-Tan-Suppe
mit Fisch

8 Portionen

- 30 Wan-Tan-Teigblätter (Asia-Laden)

Füllung für Wan-Tan-Nudeln

- 100 g gegarter Lachs
- 100 g gegarte Makrele
- 100 g gegarte Garnelen
- 3 Omega-3-Eier
- ¼ TL gehackte Chilischote oder einige Tropfen Tabasco
- 1 gehackte Knoblauchzehe
- 2 EL Thai-Basilikum (Asia-Laden)
- 1 EL frisch geriebener Ingwer

Brühe

- 1,4 l Hühnerbrühe
- 2 EL milde Sojasauce
- 2 EL Limettensaft (optional)
- 1 EL abgeriebene Limettenschale (unbehandelt)
- 60 ml chinesischer Pflaumenwein (Asia-Laden) oder Sherry
- 1 TL frisch geriebener Ingwer (optional)

Zum Garnieren

- Limettensaft
- Korianderblättchen
- Limettenscheiben
- frischer Ingwer

Die Zutaten für die Füllung mit dem Pürierstab fein pürieren. Aus jeweils 1 Teelöffel der Füllung kleine Bällchen formen und die Wan-Tan-Teigblätter damit füllen, die Ränder gut zusammendrücken. Die Brühe mit Sojasauce, Limettensaft, Limettenschale, Wein und Ingwer erhitzen. Umrühren. Die Hälfte der gefüllten Nudeln in die Brühe geben und zugedeckt ca. 5 Minuten kochen lassen. Mit einem Schöpflöffel aus der Brühe nehmen, auf einen Teller legen und warm stellen. Die andere Hälfte der Nudeln kochen. Die Nudeln auf Suppenschalen verteilen und die heiße Brühe darübergießen. Nach Wunsch einen Spritzer Limettensaft hinzufügen. Mit Koriander, Limettenscheiben oder frischem Ingwer garnieren.

Eintopf mit Makrele

Suppen und Eintöpfe 127

Fischsuppe

4 Portionen

450 g Miesmuscheln, küchenfertig
500 ml trockener Weißwein
das Weiße einer Lauchstange, klein geschnitten
2 EL Rapsöl
800 ml ganze Tomaten aus der Dose
Schale einer kleinen Zitrone (unbehandelt) als Spirale
Salz und frisch gemahlener schwarzer Pfeffer
125 g kleine Jakobsmuscheln
125 g geschälte Garnelen
125 g Makrele
frische Kräuter (Dill, Schnittlauch, Estragon)
fettarmer Käse (Ziegenkäse, Cheddar, Emmentaler), gerieben

Die Miesmuscheln in 250 ml Wasser und Wein 3 bis 4 Minuten lang kochen, bis sie sich öffnen. Abgießen, den Sud auffangen und die geschlossenen Muscheln wegwerfen. Das Muschelfleisch aus den Schalen lösen und zur Seite stellen. Die Schalen wegwerfen. Den klein geschnittenen Lauch in einem großen Topf in Rapsöl anschwitzen. Tomaten und Zitronenschale hinzufügen und mit der Hälfte des Muschelsuds auffüllen. Das Ganze 8 Minuten bei kleiner Hitze köcheln lassen. Die Zitronenschale herausnehmen und die Suppe pürieren. Den Rest des Suds hinzufügen, mit Salz und Pfeffer würzen. Die Jakobsmuscheln nach Bedarf durchschneiden und einrühren. Den Fisch klein schneiden und mit den Miesmuscheln und den Garnelen in die Suppe geben, weitere 5 Minuten köcheln lassen. Mit frischen Kräutern und geriebenem Käse bestreut servieren.

Anstatt Makrele können Sie auch Sardinen oder Thunfisch verwenden.

Jakobsmuschelsuppe

mit Gemüse

4 Portionen

8 große Jakobsmuscheln, küchenfertig	1 Stiel Staudensellerie
8 große Garnelen, küchenfertig	250 ml Muschelfond
Salz und frisch gemahlener schwarzer Pfeffer	250 ml Fischfond
1 EL Rapsöl	250 ml Gemüse- oder Hühnerbrühe
1 EL natives Olivenöl extra	1 EL weißer Wermut (Martini)
1 mittelgroße Karotte	Rapsöl
das Weiße einer Lauchstange	einige Halme Schnittlauch, in Röllchen geschnitten

Jakobsmuscheln und Garnelen mit Salz und Pfeffer würzen. Raps- und Olivenöl in einen Topf geben. Das Gemüse in feine Streifen schneiden und einige Minuten darin anschwitzen. Muschel-, Fischfond und Gemüse- oder Hühnerbrühe hinzufügen und alles zum Kochen bringen. Den Herd herunterschalten und die Suppe bei schwacher Hitze 3 Minuten köcheln lassen. Jakobsmuscheln und Garnelen hinzufügen und 3 Minuten lang in der Suppe garen. Darauf achten, dass sie nicht zu gar sind, sonst werden sie trocken und hart. Den Wermut über die Garnelen träufeln. Die Suppe mit Salz und Pfeffer abschmecken. Mit einem Spritzer Rapsöl und den Schnittlauchröllchen garniert sofort servieren.

Fischsuppe

Eintopf
mit Walnüssen

4–6 Portionen

1 l Gemüse- oder Hühnerbrühe
3 große Äpfel (Lobo, Cortland)
1 mittelgroße Sellerieknolle
das Weiße von 2 Lauchstangen
½ TL fein gehackter Ingwer
¼ TL gehackter Knoblauch, geröstet
125 ml fettarme Milch
125 g Walnusskerne
Salz und frisch gemahlener schwarzer Pfeffer
4 TL Walnussöl
2–3 zusätzliche Walnusskerne (Hälften)
frische Petersilie und Estragon, gehackt

Brühe zum Kochen bringen. Äpfel und Sellerieknolle schälen und in Würfel schneiden, Lauchstange in 3 cm dicke Ringe schneiden und alles bei kleiner Hitze 15 Minuten lang in der Brühe garen. Ingwer und gerösteten Knoblauch hinzufügen und die Brühe 5 Minuten weiterköcheln lassen. Mit dem Pürierstab pürieren, dabei Milch und Walnüsse hinzugeben. Die Creme durch ein Sieb streichen und je nach gewünschter Konsistenz Wasser oder Milch zugießen, mit Salz und Pfeffer würzen. Mit einem Spritzer Walnussöl, gehackten Walnusskernen und den frisch gehackten Kräutern garniert servieren.

Schneller Eintopf
mit Tofu und Garnelen

4–5 Portionen

4 Portionen Reisnudeln
500 ml Fischfond
500 ml Hühnerbrühe
250 g gemischtes Gemüse (Brokkoli, Blumenkohl, Karotten)
1 gehackte Knoblauchzehe
frisch geriebener Ingwer (nach Geschmack)
1 TL Zitronengras, in Stücke geschnitten
2 große Omega-3-Eigelb
Salz und frisch gemahlener schwarzer Pfeffer
300 g Seidentofu, gewürfelt
125 g gekochte Garnelen
2 Frühlingszwiebeln, in Ringe geschnitten
milde Sojasauce
gemahlene Leinsamen

Nudeln in heißem Wasser einweichen. Abgießen, sobald sie weich sind, und zur Seite stellen. Fischfond und Brühe in einem Topf zum Kochen bringen. Gemüse, Knoblauch, Ingwer und Zitronengras hinzufügen und alles zugedeckt bei kleiner Hitze 15 Minuten köcheln lassen. Zitronengrasstücke herausnehmen. Eigelb in eine Schüssel geben und mit einigen Löffeln heißer Brühe verrühren. Die Suppe damit binden. Mit Salz und Pfeffer abschmecken. Tofu und Garnelen in die Suppe geben und weitere 5 Minuten bei schwacher Hitze köcheln lassen. Die Reisnudeln auf Suppenschalen verteilen. Eine Kelle Eintopf darübergeben und mit Frühlingszwiebeln bestreuen. Mit Sojasauce und gemahlenen Leinsamen servieren.

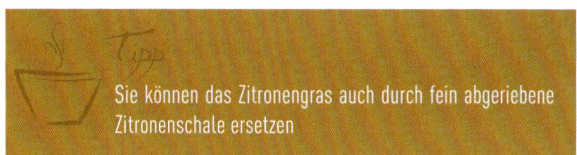

Tipp
Sie können das Zitronengras auch durch fein abgeriebene Zitronenschale ersetzen

Eintopf mit Walnüssen

Karottencremesuppe

mit Ananas

6 Portionen

125 ml Ananassaft	250 g Sellerieknolle, in Würfel geschnitten
1 Würfel Gemüsebrühe	250 g Kohlrabi, in Würfel geschnitten
4 Frühlingszwiebeln, in Ringe geschnitten	125 g gehackte Walnusskerne
1 EL Sojaöl	1 TL Maisstärke
¼ TL gemahlener Koriander	60 g gemahlene Hanfsamen (optional)
¼ TL gemahlener schwarzer Pfeffer	125 ml fettarme Milch
¼ TL gemahlener Ingwer	2 EL glatte Petersilie, in feine Streifen geschnitten
½ TL Kurkuma	2 EL Walnussöl
1 Prise Muskat	
250 g Karotten, in Würfel geschnitten	*Zum Garnieren*
250 g Pastinaken, in Würfel geschnitten	2 Ananasscheiben

Die Ananasscheiben auf einem Backblech mit Backpapier im Ofen oder auf dem Elektrogrill grillen. Zur Seite stellen. 625 ml Wasser und Ananassaft in einem Topf bei schwacher Hitze kochen lassen. Brühwürfel hinzufügen. Die Frühlingszwiebeln bei mittlerer Hitze in Sojaöl anschwitzen. Die Gewürze dazugeben und 3 bis 4 Minuten unter Rühren anbraten, damit sich ihr Aroma entfaltet. Das Ganze zur Brühe geben. Das Gemüse, die Hälfte der Walnusskerne und die Maisstärke, in 1 Esslöffel Wasser aufgelöst, hinzufügen. Zugedeckt 15 Minuten bei kleiner Hitze köcheln lassen, bis das Gemüse weich ist. Nach Geschmack Hanfsamen hinzufügen. Die Suppe mit dem Pürierstab pürieren, die Milch unterrühren und die Creme auf Suppenschalen verteilen. Auf den Rand jeder Schale ein Stück gegrillte Ananas stecken. Die Creme mit dem Rest der gehackten Walnusskerne und der Petersilie garnieren und mit einem Spritzer Walnussöl servieren.

Suppe von Weißfisch

mit Minze

4-5 Portionen

100 g Glasnudeln (Asia-Laden)	3–4 EL gehackte Minze
250 g Weißfisch (Barsch, Heilbutt)	3 EL milde Sojasauce
3 Shiitake-Pilze	1 EL frisch gepresster Zitronensaft
500 ml Gemüsebrühe	250 g rohe Garnelen
500 ml Fischfond	Chilisauce (Asia-Laden)
1 TL Zitronengras, in Stücke geschnitten	Zitronensaft

Glasnudeln kurz in Wasser kochen, bis sie weich sind. Abgießen und zur Seite stellen. Fisch und Shiitake-Pilze klein schneiden. Gemüsebrühe und Fischfond erhitzen. Zitronengras und 3 EL gehackte Minze hinzufügen. 5 Minuten köcheln lassen. Sojasauce, Zitronensaft, Pilze, Fisch und Garnelen in die Brühe geben und weitere 5 Minuten köcheln lassen. Zitronengrasstücke herausnehmen. Die Glasnudeln auf Suppenschalen verteilen. Fischstücke und Garnelen darübergeben und mit der Suppe auffüllen. Mit frischer Minze garnieren und mit Chilisauce und Zitronensaft servieren.

Karottencremesuppe mit Ananas

Eintopf
mit Lachs und Meeresfrüchten

4 Portionen

10 mittelgroße Teppichmuscheln (Palourdes)
1 EL Rapsöl
2 Selleriestangen, in feine Streifen geschnitten
2 Lauchstangen, in feine Streifen geschnitten
3–4 mittelgroße Kartoffeln, in Würfel geschnitten
1 Räucherforellenfilet
450 g Lachs, in 2 cm dicke Würfel geschnitten
3 EL glatte Petersilie, gehackt
1 TL Maisstärke
250 ml fettarme Milch
Salz und frisch gemahlener schwarzer Pfeffer
1 EL Raps-, Lein- und Hanföl, gemischt
Knoblauchcroutons

Die Teppichmuscheln zugedeckt 3 bis 4 Minuten in 500 ml Wasser kochen, bis sie sich öffnen. Geschlossene Muscheln wegwerfen. Muscheln aus den Schalen lösen und zur Seite stellen. Muschelsud aufbewahren. Rapsöl in eine große Pfanne geben. Sellerie und Lauch 5 Minuten darin anschwitzen. Muschelsud angießen und das Ganze zum Kochen bringen. Kartoffeln und Räucherforelle unterrühren und zugedeckt auf kleiner Flamme ca. 20 Minuten köcheln lassen, bis die Kartoffeln weich sind. Lachs und Petersilie hinzufügen. Die Maisstärke in der Milch auflösen und in die Suppe geben. Mit Salz und Pfeffer würzen und weitere 5 Minuten köcheln lassen. Die Suppe von der Herdplatte nehmen und die Muscheln einrühren. Auf Suppenschalen verteilen und einige Spritzer Öl in jede Schale geben. Mit Knoblauchcroutons servieren.

Für den täglichen Gebrauch: Wenn Sie Raps- und Hanföl zu gleichen Teilen mischen und 1 TL Leinöl, nach Geschmack auch weniger, hinzufügen, erhalten Sie ein Öl, das reich an Omega-3-Fettsäuren ist.

Kressecreme
mit Birnen

4 Portionen

100 g Spinatblätter
1 Kressebeet
3 mittelgroße Birnen
1 gehackte Schalotte
1 TL Rapsöl
500 ml Gemüse- oder Hühnerbrühe
1 Thymianzweig
1 Estragonzweig
250 ml fettarme Milch
4 TL Blauschimmelkäse (Stilton oder dänischer Blauschimmelkäse)
Salz und frisch gemahlener schwarzer Pfeffer

Zum Garnieren

1 Scheibe Räucherlachs und Kresse

Spinat waschen und abtropfen lassen. Die Hälfte der abgeschnittenen Kressesprossen mit dem Spinat mischen. Die Birnen schälen, das Kerngehäuse entfernen und in Stücke schneiden. Die Schalotte in Rapsöl glasig dünsten. Spinat und Kresse hinzufügen und 2 Minuten unter Rühren zusammenfallen lassen. Zur Seite stellen. Gemüsebrühe zum Kochen bringen. Birnen, Thymian und Estragon hinzufügen und alles 15 bis 20 Minuten auf kleiner Flamme köcheln lassen. Am Ende der Kochzeit Milch und Käse hineinrühren, Spinat und Kresse hinzufügen und das Ganze mit dem Pürierstab pürieren. Mit Salz und Pfeffer abschmecken. Den Räucherlachs in Streifen schneiden und die Suppe mit Lachsstreifen und frischer Kresse garnieren.

Eintopf mit Lachs und Meeresfrüchten

Gemüse-Nudel-Suppe

4 Portionen

1 Zwiebel
250 g Kirschtomaten
1 Thymian- oder Rosmarinzweig
1 EL Hanföl
Salz und frisch gemahlener schwarzer Pfeffer
250 ml Tomaten- oder Gemüsesaft
750 ml Gemüsebrühe
4–5 Safranfäden
1 Lorbeerblatt
120 g Fisch (Steinbutt, Lachs, Thun-, Schwertfisch)
500 g Wurzelgemüse (Karotten, Steckrüben, weiße Rüben, Kohlrabi, Süßkartoffeln), gewürfelt
125 g bunte Muschelnudeln
Raps-, Hanf- oder Walnussöl

Zwiebel in feine Ringe schneiden und mit den Kirschtomaten und dem Thymian- oder Rosmarinzweig in heißem Hanföl karamellisieren. Mit Salz und Pfeffer würzen und zur Seite stellen. Kräuterzweig entfernen. Tomaten- oder Gemüsesaft mit der Gemüsebrühe mischen und erhitzen. Die Safranfäden und das Lorbeerblatt hinzufügen und das Ganze bei mittlerer Hitze köcheln lassen. Den Fisch in kleine Würfel schneiden. Salzen, pfeffern und zur Seite stellen. Zuerst das Wurzelgemüse, dann die Nudeln in die Brühe geben und alles zusammen 10 bis 15 Minuten köcheln lassen. Fisch hinzufügen und 5 bis 8 Minuten weiterköcheln lassen. Abschmecken. Pro Portion 1 Löffel karamellisiertes Gemüse und 1 Spritzer Raps-, Hanf- oder Walnussöl in die Suppe geben.

Spargelcremesuppe
mit Räucherfisch

4 Portionen

125 ml fettarme Milch
500 g weißer Spargel
4 TL Ziegenkäse
1 EL frische Kräuter (Petersilie, Kerbel)
1 Pastinake
das Weiße einer Lauchstange, gehackt
1 EL Rapsöl
500 ml Fischfond oder Gemüsebrühe
2 cm Zitronenschale (unbehandelt)
20 g Räucherforelle
Salz und schwarzer Pfeffer
Walnussöl (optional)
Croutons

Die Milch eine Stunde vor dem Kochen aus dem Kühlschrank nehmen. Den Spargel sorgfältig schälen. Ziegenkäse mit den frischen Kräutern mischen und zur Seite stellen. Das Gemüse waschen und klein schneiden. Lauch in Rapsöl glasig dünsten. Fischfond oder Gemüsebrühe zum Sieden bringen. Spargel-, Pastinakenstücke und Zitronenschale hinzufügen und das Ganze bei niedriger Hitze köcheln lassen, bis das Gemüse gar ist. 5 Minuten vor Ende der Kochzeit Lauch und Räucherforelle hineingeben. Die Zitronenschale herausnehmen und die Suppe mit dem Pürierstab pürieren. Mit Salz und Pfeffer abschmecken. Die Milch einrühren und mit der Kräuter-Ziegenkäse-Mischung bestreuen. Nach Geschmack mit einigen Tropfen Walnussöl und Croutons servieren.

Gemüse-Nudel-Suppe

Beilagen

Feigen gefüllt
mit Walnüssen

4 Portionen

4 große frische Feigen
2 Frühlingszwiebeln, fein gehackt
1 kleiner Thymianzweig
2 TL Olivenöl
1 TL Butter
80 g gehackte Walnusskerne
1 EL Marsala
Salz und frisch gemahlener schwarzer Pfeffer
4 Schnittlauchhalme

Die Feigen mit einem Messer viermal so einschneiden, dass man sie aufklappen, aber auch noch füllen kann. Das Fruchtfleisch auslöffeln. Frühlingszwiebeln und Thymianzweig kurz in Öl und Butter andünsten, sie dürfen nicht anbraten. Den Thymianzweig entfernen. Fruchtfleisch und Walnusskerne hinzufügen und alles 3 bis 4 Minuten weiterdünsten lassen. Den Wein einrühren. Mit Salz und Pfeffer abschmecken. Die Feigenhaut mit dieser Masse füllen. Nach Wunsch mit den Schnittlauchhalmen zubinden. Als Beilage servieren.

Grüner Spargel
mit Schafskäse und Walnüssen

4 Portionen

Spargel

325 g grüner Spargel
Salz
1 EL gehackte Walnusskerne
Olivenöl für die Pfanne
2 EL Ziegenkäse
2 EL Feta
1 TL gemahlene Leinsamen
Fleur de Sel
frisch gemahlener schwarzer Pfeffer

Vinaigrette

1 EL Balsamico
4 EL Olivenöl
1 TL Walnussöl
1 EL gehackter Estragon

Die Vinaigrette anrühren und zur Seite stellen. Den Spargel 1 Minute in Salzwasser kochen. Unter kaltem Wasser abschrecken. Die Walnusskerne 5 Minuten ohne Fett in der Pfanne oder bei 175 °C im Backofen rösten und auf einem Teller ein wenig abkühlen lassen. Etwas Olivenöl in die Pfanne geben, den Spargel kurz darin schwenken und auf einer Platte anrichten. Die Vinaigrette, den grob zerkrümelten Käse, die Walnusskerne und die Leinsamen darüber verteilen. Mit Fleur de Sel und Pfeffer abschmecken. Als Beilage servieren.

Feigen gefüllt mit Walnüssen

Gratinierte Zucchini

4–6 Portionen

4 Zucchini
4 Frühlingszwiebeln
Butter zum Einfetten der Form

Belag

125 g gehackte Walnusskerne
1 EL geröstete Sojabohnen
1 EL gemahlene Leinsamen
1 EL gehackte Kürbiskerne
2 EL Hanfsamen
125 g trockenes Weißbrot, grob gerieben
1 EL Kamutmehl
2 EL Parmesan
80 g kalte Butterflöckchen
5–7 Basilikumblätter, gehackt
1 gehackte Schalotte
1 TL Walnussöl
Salz und frisch gemahlener schwarzer Pfeffer
1 EL gemahlene Leinsamen, 1 TL Walnussöl

Den Backofen auf 190 °C vorheizen. Eine feuerfeste Form mit ein wenig Butter einfetten. Die Zucchini der Länge nach in ca. 6 mm dicke Scheiben schneiden, die Frühlingszwiebeln längs halbieren. Die Zutaten für den Belag bis auf das Walnussöl in einer Schüssel mit einer Gabel so kneten, dass Streusel entstehen. Das Walnussöl über die Streusel träufeln. Kalt stellen. Die Zucchini und die Frühlingszwiebeln in die Form geben, mit Salz und Pfeffer würzen. Die Streusel darauf verteilen. Das Gemüse 20 bis 30 Minuten im Ofen garen, bis die Streusel goldbraun sind. Vor dem Servieren einige Minuten abkühlen lassen. Nach Geschmack mit Leinsamen bestreuen und mit Walnussöl beträufeln.

Tipp

Auch andere Gemüse wie Paprika, Champignons oder gemischte Pilze können so gratiniert werden.

Gebratene Äpfel
mit Walnüssen

4 Portionen

4 große Äpfel (Gala)
1 TL Zitronensaft
2 EL gehackte Walnusskerne
1 EL Süßrahmbutter
1 EL Rapsöl
1 Safranfaden (optional)
1 EL Rosinen
1 TL Honig
60 ml Marsala
frisch gemahlener schwarzer Pfeffer

Die Äpfel vierteln und das Kerngehäuse entfernen. Die Viertel mit Zitronensaft beträufeln, damit sie nicht braun werden. Eine beschichtete Pfanne erhitzen und darin die Walnusskerne 5 Minuten ohne Fett rösten, anschließend beiseitestellen. Butter, Öl und Safran unter Rühren in der Pfanne erhitzen. Äpfel, Rosinen und Honig hinzufügen und das Ganze bei mittlerer Hitze braten. Marsala dazugeben und verkochen lassen. Die Äpfel pfeffern und die Walnüsse vorsichtig untermengen. Als Beilage lauwarm zu Geflügel servieren.

Gratinierte Zucchini

Rosenkohl
mit Walnüssen

4 Portionen

12 Rosenkohlröschen
12 Walnusskerne (Hälften)
1 EL Olivenöl
1 TL abgeriebene Zitronenschale (unbehandelt)
1 EL Walnussöl
¼ TL Leinöl
Salz und frisch gemahlener Pfeffer
½ Zitrone, in acht schmale Spalten geschnitten

Den Rosenkohl 2 bis 3 Minuten in leicht gesalzenem Wasser kochen lassen, mit kaltem Wasser abschrecken. Die Walnusskerne halbieren. Olivenöl in einer Pfanne erhitzen, die Hälfte der Zitronenschale und die Walnüsse dazugeben und anbraten. Die Pfanne vom Herd nehmen und den Rest Zitronenschale und Walnuss- und Leinöl daruntermischen. Mit Salz und Pfeffer würzen und mit den Zitronenspalten servieren.

Grünkohl
mit Walnusssauce

4 Portionen

1 mittelgroßer Grünkohl

Walnusssauce

1 TL Rapsöl
6 kleine gehackte Schalotten
60 ml trockener Weißwein
200 ml Hühnerbrühe
2–3 gehackte Salbeiblätter
1 EL Walnussöl
Salz und frisch gemahlener Pfeffer
2 EL gehackte Walnusskerne
2 EL Hanfsamen

Die äußeren Blätter des Grünkohls entfernen und die restlichen 5 bis 8 Minuten in heißem Wasser blanchieren, bis sie weich sind. Mit kaltem Wasser abschrecken. Das Rapsöl in einer Pfanne erhitzen und die Zwiebeln darin anbraten, mit dem Wein ablöschen. Die Brühe und die Salbeiblätter dazugeben und das Ganze bei mittlerer Hitze 5 Minuten unter Rühren köcheln lassen. Vom Herd nehmen und mit dem Pürierstab zu einer sämigen Sauce pürieren. Das Walnussöl hinzufügen. Mit Salz und Pfeffer abschmecken. Die Grünkohlblätter auf vier Teller verteilen und mit je einem Esslöffel Sauce beträufeln. Mit den Walnusskernen und den Hanfsamen bestreuen.

Rosenkohl mit Walnüssen

Spinat-Brunnenkresse-Salat
mit Walnussmayonnaise

4 Portionen

8 Walnusskerne (Hälften)
2 TL Walnussöl
½ TL Leinöl
3 EL fettarme Milch
4 EL Mayonnaise mit Rapsöl
170 g Blattspinat, küchenfertig, ohne Stiele
100 g Brunnenkresse, küchenfertig, ohne Stiele
Salz und frisch gemahlener schwarzer Pfeffer

Die Walnüsse auf ein Backblech mit Backpapier verteilen und im vorgeheizten Backofen bei 175 °C ca. 8 Minuten rösten. Abkühlen lassen und auf die gewünschte Größe hacken. Walnuss-, Leinöl und Milch mit der Mayonnaise verrühren. Spinat und Brunnenkresse in eine Salatschüssel geben, Mayonnaise und Walnüsse darüber verteilen und das Ganze gut vermengen. Mit Pfeffer und Salz abschmecken. Als Beilage servieren.

Tipp: Anstelle der Roten Bete neue Kartoffeln verwenden. Dazu passt auch ein grüner Salat.

Rote Bete
mit Walnussöl

4 Portionen

200 g Rote Bete
8 Walnusskerne (Hälften)
2 Frühlingszwiebeln, in Ringe geschnitten

Vinaigrette

60 ml Walnussöl
1 EL weißer Balsamico
½ TL Dijon-Senf
½ TL milder Honig
Salz und frisch gemahlener schwarzer Pfeffer

Die Rote Bete mit einer Gemüsebürste säubern. Mit einer Gabel rundherum einstechen und in Alufolie schlagen. Im vorgeheizten Backofen bei 190 °C ungefähr 30 Minuten garen. Abkühlen lassen, Alufolie entfernen und die Rote Bete schälen. In Scheiben oder Stifte schneiden und in eine Salatschüssel geben. Die Walnüsse in der Pfanne oder im vorgeheizten Backofen bei 175 °C 6 bis 7 Minuten rösten und klein hacken. Die Vinaigrette anrühren und mit den Walnüssen und Frühlingszwiebeln über die Rote Bete geben. Gut durchmengen und abschmecken. Als Beilage servieren.

Spinat-Brunnenkresse-Salat mit Walnussmayonnaise

Hähnchen mit Walnüssen
und Granatapfel

2 Portionen

150 g Hähnchenbrustfilet
Öl zum Einfetten der Form
250 g Walnusskerne
1 EL Rapsöl
125 ml Hühnerbrühe
250 ml Granatapfelsaft
½ TL abgeriebene Orangenschale (unbehandelt)
1 TL Honig
Honig und Orangensaft zum Abschmecken
Salz und frisch gemahlener Pfeffer
Basmati- oder Jasminreis als Beilage

Den Backofen auf 170 °C vorheizen und das Hähnchenfilet darin in einer eingefetteten feuerfesten Form mit Alufolie abgedeckt 35 bis 40 Minuten garen. Walnusskerne in einer Pfanne mit Öl unter Rühren rösten, anschließend grob hacken. Die Nüsse zusammen mit der Hühnerbrühe, dem Granatapfelsaft, der Orangenschale und dem Honig erneut in die Pfanne geben und das Ganze aufkochen. Bei niedriger Temperatur 12 bis 15 Minuten köcheln lassen, mit dem Pürierstab pürieren oder mit den gehackten Walnüssen servieren. Falls die Sauce zu säuerlich ist, noch etwas Honig hinzufügen. Falls sie zu süß ist, etwas Orangensaft dazugeben. Mit Salz und Pfeffer abschmecken. Das Hähnchenfilet in die Sauce geben und alles zusammen 15 Minuten mit geschlossenem Deckel köcheln lassen. Mit Basmati- oder Jasminreis servieren.

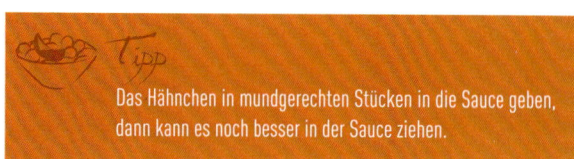

Tipp: Das Hähnchen in mundgerechten Stücken in die Sauce geben, dann kann es noch besser in der Sauce ziehen.

Gemüse mit Ziegenkäse
und Himbeersauce

4–6 Portionen

1 EL Walnusskerne
2 Kopfsalate, küchenfertig
4 EL Ziegenkäse, klein gehackt
12 frische Himbeeren (optional)
Fleur de Sel
1 TL gemahlene Leinsamen (optional)

Vinaigrette

180 g tiefgekühlte Himbeeren
1 frische, reife Feige
1 EL weißer Balsamico
1 EL Honig
1 TL frischer Rosmarin, gehackt
1 TL Limettensaft
60 ml Rapsöl
1 TL Walnussöl
½ TL Leinöl
Salz und frisch gemahlener schwarzer Pfeffer

Den Backofen auf 175 °C vorheizen und die Walnüsse darin auf einem Backblech mit Backpapier ca. 8 Minuten rösten. Abkühlen lassen und mit dem Pürierstab fein mahlen. Alle Zutaten für die Vinaigrette bis auf die Öle mit dem Pürierstab mixen, die Öle hineingeben und das Ganze nur noch ganz kurz rühren. Abschmecken. Falls gewünscht, durch ein Sieb passieren. Die gemahlenen Walnüsse dazugeben. Den Salat mit Ziegenkäse, frischen Früchten und der Vinaigrette servieren. Nach Geschmack mit gemahlenen Leinsamen und Fleur de Sel bestreuen.

Hähnchen mit Walnüssen und Granatapfel

Fleisch und Geflügel

Panierte Hähnchenkeulen
indische Art

6-8 Portionen

6–8 Hähnchenkeulen, ohne Haut	

Marinade

250 ml fettarmer Joghurt	
1 gehackte Knoblauchzehe	
½ TL frischer gehackter Ingwer	
2 TL abgeriebene Limettenschale (unbehandelt)	
3 TL Limettensaft	
½ TL Sambal Oelek (Chilipaste)	
1 EL Apfelessig	

Panade

1 EL Kürbiskerne, fein gehackt	
1 EL Pistazien, fein gehackt	
1 EL Kokosraspeln (optional)	
2 EL flüssiger Honig	
2 EL geschälte Lein- und Hanfsamen	
1 EL Rapsöl im Zerstäuber	

Die Marinade anrühren und die Hähnchenkeulen darin über Nacht einlegen. Den Backofen auf 190 °C vorheizen. Kürbis-, Pistazienkerne und Kokosflocken mischen. Die Hähnchenkeulen mit Honig einpinseln und in den gemischten Kernen wälzen. Die panierten Keulen auf ein Backblech oder in eine feuerfeste Form mit Backpapier legen. 30 bis 40 Minuten garen lassen, dabei mehrmals drehen. Die Keulen sind gar, wenn sich das Fleisch vom Knochen löst. Nach Wunsch einige Minuten im Backofen grillen. Mit den Lein- und Hanfsamen bestreuen und mit etwas Öl besprühen. Heiß, lauwarm oder kalt servieren.

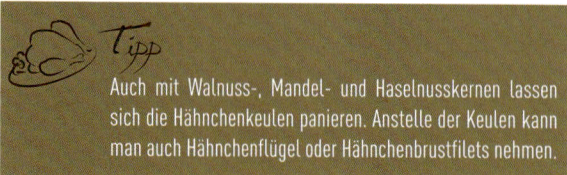

Tipp

Auch mit Walnuss-, Mandel- und Haselnusskernen lassen sich die Hähnchenkeulen panieren. Anstelle der Keulen kann man auch Hähnchenflügel oder Hähnchenbrustfilets nehmen.

Panierte Hähnchenkeulen indische Art

Rindfleischtaschen
mit Walnüssen

4 Portionen

- 250 g mageres Rinderhack
- Raps- oder Olivenöl zum Anbraten
- 250 g geriebene Süßkartoffeln
- 2 Frühlingszwiebeln, in Röllchen geschnitten
- 1 Prise Sambal Oelek (Chilipaste) oder einige Tropfen Tabasco
- 60 g gehackte Walnusskerne
- 2 TL gemahlene Leinsamen
- getrocknete Kräuter (Thymian, Estragon, Oregano)
- Salz und frisch gemahlener Pfeffer
- 8 Blätter Brickteig
- Rapsöl zum Anbraten

Ein wenig Oliven- oder Rapsöl in einer Pfanne erhitzen und das Hackfleisch kurz darin anbraten. Kartoffeln, Frühlingszwiebeln, Sambal Oelek, Walnusskerne und Leinsamen dazugeben und alles gut vermischen. Mit den Kräutern und Pfeffer und Salz abschmecken. Die Masse auf die Brickteigblätter verteilen. Röllchen oder Dreiecke formen und mit ein wenig Rapsöl in einer Pfanne anbraten. Auf Küchenkrepp abtropfen lassen. Heiß oder lauwarm mit einem Salat oder dampfgegartem Gemüse servieren.

Pikante Fleischterrine
mit Walnüssen

6–8 Portionen

Tomaten-Honig-Sauce

- 250 ml Tomatensauce
- 1 kleine getrocknete Chilischote
- 2 TL Honig
- ¼ TL gemahlener weißer Pfeffer

Fleischterrine

- 450 g mageres Rinderhack
- 450 g mageres Schweinehack
- 125 g gehackte Walnusskerne
- 4 TL gemahlene Leinsamen (optional)
- 2 Schalotten, gehackt
- 2 kleine Knoblauchzehen, gehackt
- 2 Omega-3-Eier
- 125 g trockenes Leinsamenbrot, grob gerieben
- 4 EL Hafermehl
- ¼ TL Cayennepfeffer
- 2 TL Paprikapulver
- 2 TL Kräuter der Provence
- Salz und gemahlener schwarzer Pfeffer
- 2 EL gehackte Petersilie

Den Backofen auf 180 °C vorheizen. Alle Zutaten für die Tomaten-Honig-Sauce in eine Schüssel geben und verrühren. Die Zutaten für die Fleischterrine sowie 60 ml der Tomaten-Honig-Sauce in einer weiteren Schüssel gut mischen und mit Salz und Pfeffer abschmecken. Eine Kastenform einfetten oder mit Backpapier auslegen. Die Masse hineingeben und mit der Sauce übergießen. 30 bis 40 Minuten im Backofen garen. Heiß oder kalt mit der Petersilie bestreut und mit einem Salat als Beilage servieren.

Rindfleischtaschen mit Walnüssen

Kartoffelpüree
mit Pesto

4 Portionen

- 4 mittelgroße Kartoffeln
- 125 ml fettarme Milch
- Salz und frisch gemahlener Pfeffer

Pesto

- 1 Bund Basilikum
- 1 Bund glatte Petersilie
- 2 Knoblauchzehen
- 3 EL fein gehackte Walnusskerne
- 3 EL Parmesan
- 5 EL Olivenöl
- 5 EL Walnussöl
- ½ TL Leinöl

Alle Zutaten für das Pesto bis auf das Öl mit einem Pürierstab pürieren. Das Öl zum Schluss esslöffelweise hinzugeben und nur kurz verrühren. Das fertige Pesto beiseitestellen. Die Kartoffeln mehrmals mit der Gabel einstechen, in Alufolie hüllen und im vorgeheizten Backofen bei 190 °C 30 bis 40 Minuten garen. Die Kartoffeln anschließend mit einem Löffel aushöhlen und die Kartoffelmasse mit der Milch und dem Pesto zu einem groben Püree verrühren. Mit Salz und Pfeffer abschmecken. Sofort servieren. Nach Wunsch das Püree in die ausgehöhlten Kartoffeln füllen und servieren.

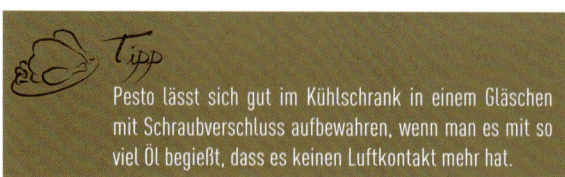

Tipp
Pesto lässt sich gut im Kühlschrank in einem Gläschen mit Schraubverschluss aufbewahren, wenn man es mit so viel Öl begießt, dass es keinen Luftkontakt mehr hat.

Honig-Zitronen-Marinade

4 Portionen (für je 100 Gramm Hähnchen- oder Putenbrustfilet)

- 60 ml natives Olivenöl extra
- 60 ml Sonnenblumen- oder Rapsöl
- Saft einer Zitrone
- 2 TL Honig
- je ¼ TL Senfpulver, Salz, getrocknetes Basilikum (optional)

Alle Zutaten in einen tiefen Teller geben und mit dem Schneebesen zu einer Marinade rühren. Das Fleisch in mundgerechte Stücke schneiden und etwa 1 Stunde in der Marinade im Kühlschrank einlegen. Die Fleischstücke auf kurz in Wasser eingeweichte Holzspieße stecken. Auf jeder Seite 4 bis 5 Minuten bei mittlerer Hitze in der Grillpfanne oder unter dem Backofengrill garen.

Kartoffelpüree mit Pesto

Knuspriges Hähnchen

2 Portionen

- 125–150 g Hähnchenbrustfilet, in feine Streifen geschnitten (etwa 1,5 cm dick)
- Rapsöl im Zerstäuber

Honig-Senf-Sauce mit Walnussöl

- 125 ml Honig
- 1 EL grobkörniger Senf
- 2 EL Walnussöl
- Salz
- Cayennepfeffer oder Tabasco (optional)

Panade

- 2 EL Kürbiskerne
- 1 EL Walnusskerne
- ½ TL Curry
- ½ TL Kreuzkümmel
- ½ TL Rosenpaprika
- 2 EL geschälte Hanfsamen
- 1 TL gemahlene Leinsamen

Beilage (nach Geschmack)

- Salat mit Gurke, Tomaten, Zwiebeln und Petersilie

Die Hähnchenstreifen dünn mit Rapsöl besprühen. Im vorgeheizten Backofen bei 190 °C oder in einer Grillpfanne etwa 8 Minuten garen. Inzwischen den Honig in einer Pfanne bei geringer Hitze erwärmen. Senf und Öl einrühren. Nach Geschmack mit Salz, einer Prise Cayennepfeffer oder einigen Spritzern Tabasco würzen. Die Sauce auf einen tiefen Teller geben. Kürbiskerne, Walnüsse, Curry, Kreuzkümmel und Rosenpaprika in einer Pfanne ohne Fett 1 bis 2 Minuten rösten, anschließend fein hacken. Ebenfalls auf einen tiefen Teller geben und mit Hanf- und Leinsamen mischen. Die Hähnchenstreifen zuerst in die Honig-Senf-Sauce tauchen, anschließend in der Panade wälzen. Mit einem Rohkostsalat servieren.

Knuspriges Hähnchen

Paniertes Lammkotelett
mit Hanfsamen, Minzerbsen und Walnussöl

2–4 Portionen

Erbsen

| 250 g tiefgekühlte Erbsen |
| 3–4 fein geschnittene Minzblättchen |
| 1 TL Walnussöl |
| 1 TL gehackte Walnusskerne |

Lamm

| 1 kleine Knoblauchzehe, fein gehackt |
| 4 EL Minzblättchen, fein gehackt |
| 5 EL geschälte Hanfsamen |
| 1 EL gemahlene Leinsamen |
| 6 Lammkoteletts, ca. 2 cm dick |
| 2 EL Dijon-Senf |
| Salz und gemahlener schwarzer Pfeffer |
| flüssige Butter mit Rapsöl gemischt, im Zerstäuber |

Die tiefgekühlten Erbsen in einem Topf mit Wasser bedeckt aufkochen lassen und 5 bis 6 Minuten gar dünsten, das Wasser abschütten und Minzblättchen, Öl und Walnüsse untermischen, warm stellen. Für das Lamm Knoblauch und Minze in einem tiefen Teller mit den Hanf- und Leinsamen mischen. Die Lammkoteletts mit dem Senf bestreichen, nach Geschmack mit Salz und Pfeffer würzen. Mit der Öl-Butter-Mischung besprühen. Die Koteletts in einer Grillpfanne bei mittlerer Hitze auf jeder Seite mindestens 1½ Minuten (nach Wunsch länger) braten. Anschließend das Fleisch in der Panade wälzen und sofort mit den Erbsen servieren.

Schweinefilet
gefüllt mit Walnüssen und Cranberrys

4–6 Portionen

| 1 EL milde Zwiebel, gehackt |
| 1 EL Butter oder Olivenöl |
| 2 EL gehackte Walnüsse |
| 50 g trockenes Leinsamenbrot, grob gerieben |
| 1 TL frischer Rosmarin, gehackt |
| 1 TL frische Petersilie, gehackt |
| 1 Knoblauchzehe, fein gehackt |
| 1 großes Omega-3-Ei, verquirlt |
| Salz und gemahlener schwarzer Pfeffer |
| 700 g Schweinefilet |
| 2 EL getrocknete Cranberrys, gehackt |
| Olivenöl im Zerstäuber |

Sauce

| 1 Schalotte, gehackt |
| 250 ml Hühner- oder Gemüsebrühe |
| 2 EL getrocknete Cranberrys, gehackt |
| 1 Rosmarinzweig |
| Salz und frisch gemahlener Pfeffer |
| 1 EL Walnussöl |
| ¼ TL Leinöl |

Den Backofen auf 160 °C vorheizen. Zwiebel mit etwas Butter oder Öl in einer Pfanne glasig dünsten. Die Walnüsse mit dem Brot und Rosmarin, Petersilie und Knoblauch in einer Schüssel mischen. Das Ei und die gedünstete Zwiebel dazugeben, die Farce mit Salz und Pfeffer abschmecken. Das Schweinefilet der Länge nach tief einschneiden. Mit der Farce füllen und die Cranberrys darauf verteilen. Das Filet mit Küchengarn zubinden. Einen feuerfesten Topf mit Öl besprühen, das Filet hineinlegen und 1 Stunde im Backofen garen. Mit einem Spießchen überprüfen, ob das Fleisch gar ist (es läuft klarer Fleischsaft aus der Einstichstelle). Das Fleisch aus dem Backofen nehmen und mit Alufolie bedeckt 15 Minuten ruhen lassen, dann in Scheiben schneiden.

Für die Sauce das Fett aus dem Topf abschöpfen, eventuell 1 Esslöffel Wasser in den Topf geben und den Topf erhitzen. Mit einem Pfannenwender den Bratensatz vom Topfboden lösen. Die Schalotte in dem Bratensatz anbraten, Brühe zugießen. Die Sauce sämig einkochen. Cranberrys und Rosmarinzweig hineingeben, mit Salz und Pfeffer abschmecken. Die Sauce von der Herdplatte nehmen und das Walnuss- und Leinöl dazugeben. Den Rosmarinzweig entfernen, die Sauce mit dem Pürierstab pürieren. Das Fleisch mit der Sauce servieren.

Paniertes Lammkotelett mit Hanfsamen

Nudeln
und Saucen

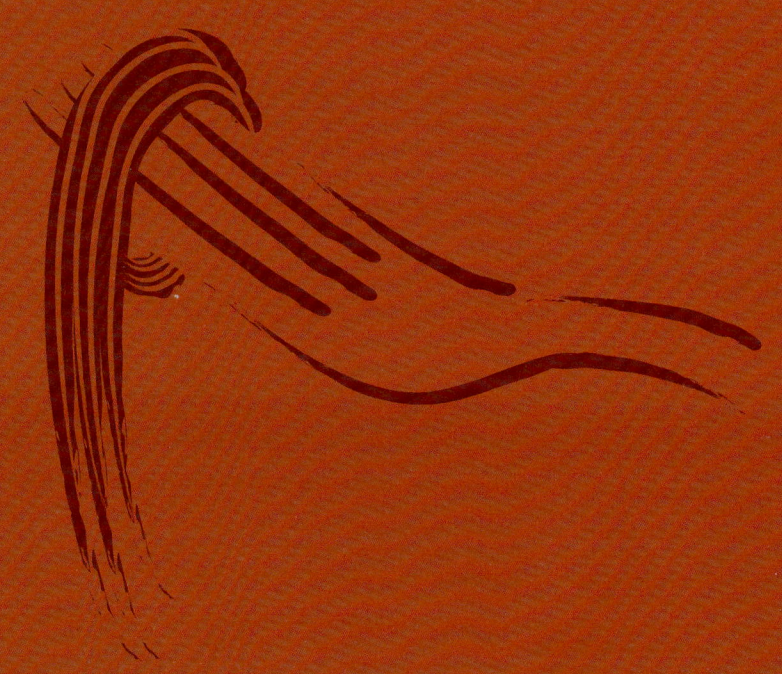

Lasagne mit zweierlei Lachs
und Blattspinat

5-6 Portionen

180 g Blattspinat, küchenfertig
Salz
1 Schalotte, gehackt
1 EL Olivenöl
1 Knoblauchzehe, gehackt (optional)
2 EL Petersilie, gehackt
8–10 Lasagneblätter
400 g gegarter Lachs
frisch gemahlener schwarzer Pfeffer
1 EL Estragon oder Dill, gehackt
75 g Räucherlachs
60 g **Hanfsamen** oder Pinienkerne (optional)
250 g gewürfelter Mozzarella light
60 g geriebener Parmesan
Butter für die Form

Béchamelsauce

1 kleine Zwiebel
1¼ l fettarme Milch
1 Lorbeerblatt (optional)
1 Prise Muskat
6 EL Rapsöl
110 g Mehl
Salz und frisch gemahlener schwarzer Pfeffer

Für die Béchamelsauce: Die Zwiebel schälen, halbieren und zusammen mit der Milch, dem Lorbeerblatt und dem Muskat in einen Topf geben und aufkochen. Vom Herd nehmen und abkühlen lassen. Die Milch durch ein Sieb schütten und erneut erhitzen. In einem weiteren Topf das Öl mit dem Mehl erhitzen und mit dem Schneebesen zu einer Mehlschwitze verrühren. Etwas von der Milch dazugeben, das Ganze weiterhin gut verrühren und nach und nach die gesamte Milch einrühren. Die Sauce zum Kochen bringen und anschließend bei kleiner Hitze unter Rühren 2 bis 4 Minuten köcheln lassen, bis sie sämig ist. Mit Salz und Pfeffer abschmecken.

Für den Spinat: Den Spinat kurz in kochendem Salzwasser blanchieren und mit kaltem Wasser abschrecken. Das Wasser aus dem Spinat pressen und ihn grob hacken. In einer Pfanne die Schalotte in dem Olivenöl glasig dünsten, den Spinat und nach Geschmack Knoblauch hinzufügen. Petersilie dazugeben und das Ganze gut verrühren. Die Pfanne vom Herd nehmen.

Die Lasagne: Den Backofen auf 180 °C vorheizen. Den gekochten Lachs in einer Schüssel mit einer Gabel in kleine Stücke reißen, pfeffern und Dill oder Estragon darüberstreuen. Eine feuerfeste Form mit Butter einpinseln. Eine Lage Lasagneblätter hineingeben, darauf abwechselnd gekochten Lachs, Spinat, Béchamelsauce, Räucherlachs, weitere Lasagneblätter und nach Wunsch Hanfsamen oder Pinienkerne schichten. Parmesan und Mozzarella mischen und damit abschließen. Die Form mit Alufolie abdecken. 30 bis 45 Minuten im Backofen garen. Während der letzten 10 Minuten die Alufolie entfernen.

Lasagne mit zweierlei Lachs und Blattspinat

Ravioli mit Fisch
und Meeresfrüchten

4 Portionen

125 ml Hühnerbrühe
125 ml Fischfond
60 ml Weißwein
½ TL zerdrückter Knoblauch
¼ TL gehackter Ingwer
Salz und gemahlener Pfeffer
2 Scheiben (250 g) Grönland-Heilbutt, halbiert
100 g Meeresfrüchte
8 Wan-Tan-Nudelblätter
1 kleine Karotte, gewürfelt
1 Tomate, gewürfelt
das Weiße einer Lauchstange, in Streifen geschnitten
frische gehackte Kräuter (Dill, Petersilie, Koriander)
1 EL Olivenöl und **1 EL Hanföl,** gemischt

Hühnerbrühe, Fischfond und Weißwein in einen Topf geben und zum Kochen bringen. Knoblauch und Ingwer dazugeben und das Ganze mit Salz und Pfeffer abschmecken. Die Hitze reduzieren und Fisch und Meeresfrüchte in der Brühe 5 bis 8 Minuten pochieren. Den Fisch mit Alufolie bedeckt warm stellen. Die Wan-Tan-Blätter und das Gemüse 3 bis 4 Minuten in der Brühe garen und anschließend abtropfen lassen. Ein wenig Brühe in jeden vorgewärmten Teller geben. Je ein Wan-Tan-Blatt darauflegen, Fisch, Meeresfrüchte und Gemüse darüber verteilen und mit dem zweiten Nudelblatt bedecken. Die Nudeln mit einer Gabel an den Seiten zudrücken. Die Kräuter über die Nudeln streuen und das Öl darüberträufeln.

> **Tipp**
> Dieses Gericht kann auch mit frischen Lasagneblättern zubereitet werden. Übrig gebliebene Ravioli können eingefroren werden.

Nudeln und Makrele
mit gegrillter Tomate

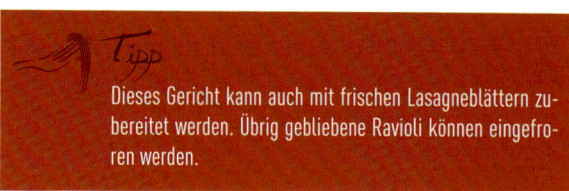

pro Portion

100 g Makrelenfilet, küchenfertig
Salz und gemahlener Pfeffer
1 gehackte Schalotte
1 TL Olivenöl
125 ml Fischfond
1 Portion Nudeln
1 Tomate, in dicke Scheiben geschnitten
1 TL gehacktes Basilikum
1 Handvoll Spinatblättchen
2 EL geriebener Parmesan
1 TL Olivenöl und **Hanföl,** gemischt

Die Makrele in mundgerechte Stücke schneiden und mit Salz und Pfeffer würzen. Die Schalotte in dem Öl glasig dünsten, den Fischfond angießen und die Makrele darin gar schmoren. Den Fisch aus der Brühe nehmen und warm stellen. Die Nudeln in der Brühe kochen. Die Tomatenscheiben mit der Hälfte des Basilikums bestreuen und in einer beschichteten Grillpfanne oder auf Grillstufe im Backofen 3 Minuten von jeder Seite grillen. Spinat mit dem Rest Basilikum und dem Parmesan bestreuen, Nudeln und Fisch darauf anrichten. Mit dem Öl beträufeln.

Ravioli mit Fisch und Meeresfrüchten

Nudeln
mit Roquefort

4 Portionen

4 Portionen Nudeln
Salz
250 ml Crème légère oder fettarme Milch
120 g Blauschimmelkäse (Roquefort, Stilton)
1 TL Cognac (optional)
gemahlener schwarzer Pfeffer
2 EL Kürbiskerne
2 EL geschälte Hanfsamen
2 TL Petersilie, gehackt
grüner Salat als Beilage

Die Teller im Backofen bei niedriger Temperatur vorwärmen. Die Nudeln in Salzwasser al dente kochen. In der Zwischenzeit die Crème légère mit dem Blauschimmelkäse glatt rühren. Nach Wunsch einen Schuss Cognac hinzufügen, mit Salz und Pfeffer abschmecken. Die Nudeln abtropfen lassen, mit der Käsesauce mischen oder die Sauce über die Nudeln verteilen. Kürbiskerne, Hanfsamen und Petersilie darüberstreuen. Mit grünem Salat servieren.

Nudeln und Thunfisch
mit grünem Curry

4 Portionen

4 Thunfischfilets à 125 g
4 Portionen Nudeln
1–2 EL Rapsöl
Salz und frisch gemahlener schwarzer Pfeffer

Grünes Curry

je 1 EL Knoblauch, Ingwer, Koriander, Basilikum, gehackt
1 TL Zitronengras, sehr fein gehackt
1 mittelscharfe grüne Peperoni, fein gehackt oder
½ TL Sambal Oelek (Chilipaste)
2 EL Nuoc Nam (vietnamesische Fischsoße, Asia-Laden)
1 EL Garnelenpaste (Asia-Laden)
abgeriebene Schale und Saft einer halben Limette (unbehandelt)
125 ml Kokosmilch
60 ml Raps- oder Sojaöl

Das grüne Curry 24 Stunden vor dem Verzehr zubereiten: Sämtliche Zutaten für das Curry mischen und in einem Gläschen mit Schraubverschluss im Kühlschrank ziehen lassen. 1 Stunde vor dem Essen herausnehmen. Die Nudeln in Salzwasser al dente kochen und abtropfen lassen. Mit dem Öl beträufeln und mit Salz und Pfeffer würzen. Inzwischen die Steaks auf beiden Seiten je nach Dicke 2 Minuten in einer Grillpfanne braten, das Innere sollte rosa bleiben. Auf jedes Steak etwas Curry verteilen und zusammen mit den Nudeln auf vorgewärmten Tellern anrichten.

Nudeln mit Roquefort

Nudeln mit Makrele

sizilianische Art

4 Portionen

1 EL Rosinen
1 EL trockenen Weiß- oder Rotwein (optional)
3–4 Sardellenfilets
250 g Makrelenfilet, küchenfertig
80 g Mehl
1–2 EL Olivenöl
feines Meersalz
frisch gemahlener schwarzer Pfeffer
4 Portionen Nudeln
1 TL gemahlene Fenchelsamen
1 gehackte Knoblauchzehe
1 gehackte Zwiebel
2 Safranfäden
1 TL abgeriebene Zitronenschale (unbehandelt)
1 EL **geschälte Hanfsamen** oder Pinienkerne

Fenchelsalat als Beilage

1 Fenchelknolle, in Würfel geschnitten
Kopfsalatblätter zum Dekorieren
1 EL Weißweinessig oder Zitronensaft
2 EL Oliven- und **Rapsöl**, gemischt
½ TL Leinöl
Salz und frisch gemahlener schwarzer Pfeffer
1 EL gemahlene Leinsamen (optional)

Die Rosinen in Wein oder warmem Wasser ½ Stunde einweichen lassen. Die Sardellen abspülen und 15 Minuten wässern. Die Fischfilets im Mehl wälzen und in einer Pfanne mit einigen Tropfen Öl von beiden Seiten braten. Auf Küchenkrepp abtropfen lassen, mit Salz und Pfeffer würzen. Nach Wunsch in mundgerechte Stücke schneiden. Die Nudeln in Salzwasser al dente kochen, abtropfen lassen und warm stellen. Die Sardellenfilets trocken tupfen und klein hacken. Mit den Fenchelsamen, Pfeffer und einigen Tropfen Öl mischen. Beiseitestellen. Zwiebeln und Knoblauch in dem Rest Öl in einer großen Pfanne anbraten. Safran mit etwas heißem Wasser überbrühen und zusammen mit der Zitronenschale, der Fenchelsamen-Sardellen-Mischung und den abgetropften Rosinen in die Pfanne geben. Das Ganze unter Rühren einige Minuten bei mittlerer Hitze schmoren lassen. Mit Salz und Pfeffer abschmecken. Die Nudeln hinzufügen, ebenso die Hanfsamen oder Pinienkerne. Umrühren. Nach Geschmack ein wenig Öl hinzufügen. Zusammen mit dem Fisch auf vorgewärmten Tellern servieren.

Für den Fenchelsalat die Fenchelstücke in Salzwasser blanchieren. Zusammen mit dem Salat in eine Schüssel geben. Mit Essig und Öl anmachen und mit Salz und Pfeffer abschmecken. Nach Wunsch mit Leinsamen bestreuen. Mischen und servieren.

Nudeln mit getrockneten Tomaten

und Räucherlachs

2 Portionen

2 Portionen frische Nudeln
4 getrocknete Tomatenhälften, in Wasser eingeweicht
2 EL Olivenöl
250 ml fettarme Milch
Salz und gemahlener schwarzer Pfeffer
4 EL geriebener Parmesan
1 Omega-3-Eigelb
2 Scheiben Räucherlachs

Die Nudeln in Salzwasser al dente kochen, abtropfen lassen und warm stellen. Die getrockneten Tomaten hacken und 2 Minuten in Olivenöl anbraten. Die Milch dazugeben und bei mittlerer Hitze die Masse kurz köcheln lassen. Vom Herd nehmen und mit Salz und Pfeffer abschmecken. Unter Rühren den Parmesan und das Eigelb hinzufügen. Die Sauce über die Nudeln geben und mit dem Lachs servieren.

Nudeln mit Makrele sizilianische Art

Nudeln und Fisch
mit Petersilienbutter

pro Portion

80 g Lachsfilet	
Salz und frisch gemahlener schwarzer Pfeffer	
Olivenöl für die Pfanne	
1 Portion Nudeln	

Petersilienbutter

1 EL weiche Butter	
1 EL Rapsöl	
Saft und abgeriebene Schale einer ½ Zitrone (unbeh.)	
1 TL gehackte Petersilie	

Den Fisch in kleine Stücke oder dünne Streifen schneiden. Mit Salz und Pfeffer würzen. Beiseitestellen. Für die Petersilienbutter die Butter mit Öl, Zitronensaft, abgeriebener Zitronenschale und Petersilie gut verrühren. Den Fisch in siedendem Wasser pochieren oder in einer Pfanne mit Öl bei geschlossenem Deckel braten. In der Zwischenzeit die Nudeln in Salzwasser al dente kochen, abtropfen lassen. Die Nudeln mit Petersilienbutter mischen und mit dem Fisch servieren.

Nudeln mit weißer Sauce
und gegrillter Forelle

4 Portionen

- 4 Portionen Nudeln
- ½–1 TL schwarze Pfefferkörner
- 1 Forellenfilet (400 g)
- 2 EL Olivenöl

Weiße Sauce

- 1 gehackte Schalotte
- 1 EL Rapsöl
- 2 EL Butter
- 2 EL Mehl
- 375 ml Milch
- 250 ml Fischfond oder Hühnerbrühe
- 60 g geriebener Parmesan
- 2–3 Basilikumblätter
- 1 Prise Muskat
- Salz und gemahlener weißer Pfeffer

Beilage

- gegrillte Auberginenscheiben

Für die Sauce die Schalotte mit dem Öl in einer Pfanne bei mittlerer Hitze glasig dünsten. Butter dazugeben und schmelzen lassen und mit dem Mehl mit einem Schneebesen zu einer Mehlschwitze rühren. Nach und nach unter Rühren die Milch und den Fond dazugeben. Die Sauce kurz aufkochen lassen, bis sie sämig ist. Den Käse und das Basilikum hinzufügen, mit Muskat, Salz und Pfeffer abschmecken und warm stellen. De Nudeln kochen.

Die Pfefferkörner grob zerstoßen, auf dem Fischfilet verteilen und eindrücken. Das Filet in einer Pfanne mit Öl 2 bis 4 Minuten je nach Dicke auf jeder Seite braten. Den Fisch in vier Stücke schneiden oder in mundgerechte Stücke zerteilen. In die Sauce geben und mit den Nudeln servieren oder mit den Auberginenscheiben auf den Nudeln anrichten.

Nudeln und Fisch mit Petersilienbutter

Thunfischnudeln
mit heller Tomatensauce

4 Portionen

250 ml Béchamelsauce (Rezept s. S. 202)

250 ml Tomatensauce (Rezept s. unten)

4 Portionen Nudeln

100 g Thunfisch aus der Dose oder 1 gegartes Lachsfilet

1 EL frische Kräuter (Basilikum, Oregano) zum Garnieren

Tomatensauce

250 g Gemüse (Zwiebeln, Karotten, Brokkoli, Schalotten), in feine Würfel geschnitten

1 EL Olivenöl

800 ml Tomatenpüree aus der Dose oder entsprechend viele frische Tomaten

125 ml Hühnerbrühe

1 Bouquet garni (3 Petersilienstängel, 1 Lorbeerblatt, 1 Thymianzweig)

Salz und frisch gemahlener schwarzer Pfeffer

Zunächst die Béchamelsauce zubereiten, beiseitestellen. Für die Tomatensauce die Gemüse in einer Pfanne in Öl anbraten. Das Tomatenpüree, die Brühe und das Bouquet garni dazugeben. Die Sauce zum Kochen bringen und bei kleiner Flamme 40 Minuten köcheln lassen. Das Bouquet garni entfernen und die Sauce mit dem Pürierstab pürieren. 250 ml Tomatensauce abmessen (den Rest anderweitig verwenden). Die Béchamelsauce hinzufügen und das Ganze mit Pfeffer und Salz abschmecken. Die Sauce erhitzen. Die Nudeln in Salzwasser al dente kochen, anschließend abtropfen lassen. Den Thunfisch oder den in Scheiben geschnittenen Lachs entweder direkt in die Sauce geben oder auf den Nudeln anrichten. Auf vorgewärmten Tellern servieren. Mit den frischen Kräutern garnieren.

Thunfischnudeln mit heller Tomatensauce

Nudeln
mit karamellisierten Zwiebeln

pro Portion

2 EL fettarmer Frischkäse
4–5 EL fettarme Milch
1 EL karamellisierte Zwiebeln (Rezept s.unten)
1 EL gehackte Petersilie
1 Lachsfilet (80–100 g), küchenfertig
Salz und frisch gemahlener schwarzer Pfeffer
1 TL Olivenöl
1 Portion Nudeln
4 Kirschtomaten
4 Scheiben Salatgurke oder zwei Blätter Kopfsalat

Karamellisierte Zwiebeln

4 Zwiebeln
375 ml Weißweinessig
1 ½ TL Kreuzkümmel
1 ½ TL gemahlener Koriander
250 g Rohrohrzucker

Zunächst die karamellisierten Zwiebeln zubereiten. Die geschälten Zwiebeln 30 Minuten in kaltes Wasser legen, anschließend in dünne Ringe schneiden. Mit dem Essig und den Gewürzen in eine Pfanne geben und unter Rühren bei mittlerer Hitze garen. Anschließend bei kleiner Hitze zugedeckt 15 Minuten dünsten. Den Rohrohrzucker hinzufügen, verrühren und die Zwiebeln etwa 1 Stunde ohne Deckel weiterköcheln lassen, bis sie sehr weich sind und die Flüssigkeit sämig ist. (Die Zwiebeln halten sich wie eine hausgemachte Marmelade etwa 2 Monate in einem sterilisierten, verschlossenen Gefäß im Kühlschrank.)

Anschließend den Frischkäse mit der Milch gut verrühren. 1 bis 2 Teelöffel karamellisierte Zwiebeln und die gehackte Petersilie dazugeben. Das Lachsfilet mit Salz und Pfeffer würzen und in einer Pfanne mit Öl von jeder Seite 2 bis 3 Minuten braten. Die Nudeln in Salzwasser al dente kochen und abtropfen lassen. Mit der Sauce mischen und mit dem Fisch, nach Wunsch als ganzes Filet oder in Streifen geschnitten, servieren. Mit den Tomaten, dem Salat oder den Gurken garnieren.

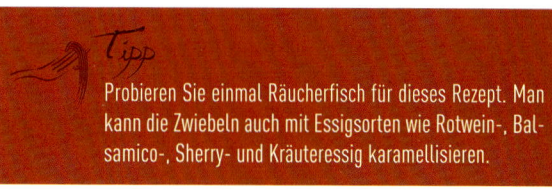

Tipp
Probieren Sie einmal Räucherfisch für dieses Rezept. Man kann die Zwiebeln auch mit Essigsorten wie Rotwein-, Balsamico-, Sherry- und Kräuteressig karamellisieren.

Nudeln mit karamellisierten Zwiebeln

Nudeln und Saucen

Nudelsalat

mit rohem Lachs

4–6 Portionen

250 g Früchte und Gemüse (Mango, Ananas, Avocado, Karotten, Tomaten, Lauch)
300 g Lachsfilet (Sushi-Qualität)
3 EL frische Minze, gehackt
3 EL frischer Koriander, gehackt
1000 g gekochte Nudeln, abgekühlt
60 ml **Walnuss-** oder Olivenöl
Saft einer Limette
1 EL Weißweinessig
Salz und gemahlener schwarzer Pfeffer
4–6 Salatblätter (optional)

Die Früchte und Gemüse in kleine Würfel schneiden. Den Fisch im Verhältnis dazu in etwas größere Würfel schneiden. Die Kräuter zusammen mit den Nudeln, Öl, Limettensaft und Essig in eine große Salatschüssel geben. Vermengen und mit Salz und Pfeffer abschmecken. Den Fisch hinzufügen und nochmals vorsichtig mischen. In kleinen Schüsseln oder auf Salatblättern servieren.

Nudeln mit Tomaten

und rohem Thunfisch in Knoblauchsauce

4 Portionen

375 g Kirschtomaten
1 TL Oliven- und **Rapsöl,** gemischt
4 Portionen Farfalle-Nudeln
150 g Thunfisch (Sushi-Qualität)
1 EL gehackte Petersilie
1 EL frisches Basilikum
2–3 TL Kürbiskerne
1 TL gemahlene Leinsamen

Knoblauchsauce

125 g geschälte Hanfsamen
4 gehackte Knoblauchzehen
2 EL Olivenöl
2 EL Raps- oder Hanföl
2 Tropfen Leinöl
¼ TL feines Meersalz

Alle Zutaten für die Sauce mischen und zur Seite stellen. Ein Backblech mit Backpapier auslegen und darauf die Tomaten verteilen, das Öl darüberträufeln. Die Tomaten bei 95 °C 1 ½ bis 2 Stunden konfieren. Beiseitestellen. Die Nudeln in Salzwasser al dente kochen und abtropfen lassen. Den Thunfisch in kleine Würfel oder dünne Scheiben schneiden. Die Nudeln gut mit der Sauce mischen. Mit dem Thunfisch und den Tomaten servieren. Kräuter, Kürbiskerne und Leinsamen darüberstreuen.

Nudelsalat mit rohem Lachs

Nudeln
mit Zitronen-Thymian-Sauce

4 Portionen

4 Portionen Nudeln
75 g Räucherlachs, in Streifen geschnitten
2 EL Petersilie oder Dill, gehackt

Sauce

1 EL Rapsöl
1 TL Olivenöl
1 Thymianzweig
250 ml fettarme Milch
Salz und frisch gemahlener schwarzer Pfeffer
60 g geriebener Parmesankäse
2 abgeriebene Zitronenschalen (unbehandelt)

Die Nudeln in Salzwasser al dente kochen, abtropfen lassen. Für die Sauce in der Zwischenzeit das Öl mit dem Thymianzweig langsam erhitzen. Die Milch dazugeben und kurz köcheln lassen, das Ganze mit Salz und Pfeffer abschmecken und von der Herdplatte nehmen. Den Thymianzweig entfernen. Parmesan und Zitronenschale hinzufügen und gut verrühren. Die Sauce über die Nudeln geben und mit dem Lachs und der Petersilie garnieren.

Nudeln mit gebratenem Gemüse
orientalisch

2 Portionen

125 g Reis- oder Eiernudeln	200 g Grönland-Heilbutt
4 getrocknete Shiitakepilze, in Wasser eingeweicht	100 g Meeresfrüchte
8–10 Wasserkastanien	1 TL Limettensaft (optional)
1 TL Rapsöl	1–2 TL milde Sojasauce
100 g Zuckererbsen	½–1 TL trockener Weißwein
2 EL Bambussprossen	1 TL Maisstärke (optional)
2 Frühlingszwiebeln, in Ringe geschnitten	Salz und frisch gemahlener Pfeffer
1 gehackte Knoblauchzehe	½ TL Walnussöl
1 TL Mirin-Sauce, Sake (Asia-Laden) oder Weißwein	1 EL Kürbiskerne

Die Nudeln 3 bis 4 Minuten in Salzwasser al dente kochen, abtropfen lassen und beiseitestellen. Die Shiitake-Pilze abtrocknen und zusammen mit den Wasserkastanien in feine Streifen schneiden. ½ Teelöffel Rapsöl in eine beschichtete Pfanne oder einen Wok geben und Erbsen, Sprossen, Wasserkastanien, Pilze, Frühlingszwiebeln und Knoblauch bei starker Hitze 2 bis 3 Minuten braten, bis sie gar sind. Einen Schuss Mirin-Sauce darübergießen. Das Gemüse aus dem Wok nehmen und warm stellen. Den Rest Rapsöl in die Pfanne geben und den Fisch und die Meeresfrüchte anbraten. Den Limettensaft, die Sojasauce und den Weißwein hinzufügen, die Maisstärke darübersieben, verrühren und das Ganze weitere 3 bis 5 Minuten schmoren lassen. Eventuell etwas Wasser einrühren, damit mehr Sauce entsteht. Mit Salz und Pfeffer würzen und zur Seite stellen. Die Nudeln mit dem Gemüse erneut erhitzen, Walnussöl nach Geschmack hinzugeben. Den in Stücke geschnittenen Fisch und die Meeresfrüchte hinzufügen und vorsichtig umrühren. Mit den Kürbiskernen bestreuen und sofort servieren.

Nudeln mit Zitronen-Thymian-Sauce

Gefüllte Walnussnudeln
mit Salbeibutter

12 Nudeln

80 g Winterkürbis
Salz und gemahlener schwarzer Pfeffer
1 EL geriebener Parmesan
80 g Ricotta
80 g Walnusskerne, geröstet und gehackt
1 TL Salbeiblätter, fein gehackt
12 runde Wan-Tan-Nudelblätter

Sauce

2 EL Oliven- oder **Sojaöl**
1 EL Butter
2 TL Walnussöl
4 Salbeiblätter
1–2 EL geriebener Parmesan (optional)

Den Kürbis im vorgeheizten Backofen bei 175 °C etwa 35 bis 40 Minuten garen. Etwas abkühlen lassen und schälen. Die Kerne entfernen, das Fleisch pürieren und mit Salz und Pfeffer abschmecken. Parmesan, Ricotta, Walnusskerne und Salbeiblätter zu dem Kürbis geben und alles gut mischen. Nochmals abschmecken. Die Masse 1 Stunde im Kühlschrank ruhen lassen, anschließend so auf den Wan-Tan-Blättern verteilen, dass man diese zuklappen kann. Die Ränder mit einer Gabel oder mit den Fingern gut zusammendrücken. Die Nudeln 5 bis 10 Minuten (je nach Dicke) in kochendem Salzwasser garen. Kurz bevor die Nudeln gar sind, das Oliven- oder Sojaöl und die Butter vorsichtig erwärmen. Das Öl vom Herd nehmen und das Walnussöl und die Salbeiblätter dazugeben. Die Sauce auf den heißen Nudeln verteilen, mit Parmesan bestreuen und servieren.

Schnelle Nudeln
mit Safranbutter

Tipp: Kann man nicht im Freien grillen, lässt sich Fisch mit festem Fleisch wie Thunfisch, Schwertfisch, Wolfsbarsch, Lachs und Heilbutt sehr gut in einer gusseisernen Pfanne zubereiten. Auf diese Weise benötigt man auch weniger Fett.

4 Portionen

4 Fischsteaks
(Thunfisch, Forelle, Lachs, Schwertfisch) à 125 g
Salz und frisch gemahlener schwarzer Pfeffer
5 EL Olivenöl
4 Portionen Nudeln
2 EL Rapsöl
einige Safranfäden
Saft und abgeriebene Schale
einer kleinen Limette (unbehandelt)
1 TL Oreganoblättchen
1 TL gehackte Petersilie
gedünstetes Gemüse
(grüne Bohnen, Brokkoli, Blumenkohl)

Die küchenfertigen Fischsteaks mit Salz und Pfeffer würzen. 1 Esslöffel Olivenöl in eine Grillpfanne geben und darin die Filets von beiden Seiten braten. Mit Alufolie abgedeckt warm stellen. Die Nudeln in Salzwasser al dente kochen. Inzwischen das restliche Öl zusammen mit dem Safran und dem Limettensaft vorsichtig erhitzen und so lange rühren, bis der Safran Farbe abgegeben hat. Kräuter und Limettenschale nach Geschmack dazugeben. Sauce über Nudeln und Steaks verteilen und mit dampfgegartem Gemüse servieren.

Ravioli
mit Hackfleisch, Walnüssen und Knoblauch

6 Portionen

1 Prise Safranfäden
100 g gemischtes Hackfleisch
1 TL frische Kräuter (Majoran, Fenchelgrün)
100 g gehackte Walnusskerne
60 g geriebener Parmesan
250 g Ricotta
Salz und gemahlener schwarzer Pfeffer
12 frische Lasagneblätter
1 Eiweiß
1–2 TL Walnussöl
1 EL frische Basilikumblätter, klein geschnitten
Tomatensauce (optional, s. Rezept S. 186)

Den Safran in 1 Teelöffel heißem Wasser einweichen. Das Hackfleisch in der Pfanne anbraten, mit den Kräutern würzen und einige Minuten braten lassen. Von der Herdplatte nehmen. Walnüsse, Parmesan, Ricotta und Safran hinzufügen. Mit Salz und Pfeffer abschmecken. Aus den Lasagneblättern mit einer entsprechend großen Ausstechform oder einem Glas 12 Kreise ausstechen. Auf 6 Kreise jeweils ca. 1 Teelöffel Hackfleisch geben. Den Rand der Nudeln mit Eiweiß bepinseln. Die restlichen Nudelkreise darauflegen und die Ränder gut andrücken. Die Ravioli in kochendem Salzwasser garen. Die fertigen Nudeln mit Walnussöl beträufeln und mit Basilikum bestreuen. Nach Wunsch mit Tomatensauce servieren.

Japanische Nudeln
mit Ingwer und gegrilltem Thunfisch

4 Portionen

350 g roter Thunfisch (Sushi-Qualität), küchenfertig
4 TL schwarze Sesamsamen (Asia-Laden)
4 TL geschälte Leinsamen
200 g Somen-Nudeln (Asia-Laden)
2 EL Limettensaft
1 EL Leinöl
1 TL Sesamöl
1 TL gehackter Ingwer
1 gehackte Knoblauchzehe
1 Prise Wasabi-Pulver (Asia-Laden, optional)
60 ml milde Sojasauce

Beilagen

4 EL eingelegter Ingwer (Asia-Laden)
2 Schnittlauchhalme zum Garnieren

Den Thunfisch in Sesam und Leinsamen wälzen. In einer Pfanne auf jeder Seite nicht länger als 1 Minute anbraten. Mit Alufolie abdecken und warm stellen. Die Nudeln in Salzwasser ca. 2 Minuten kochen, bis sie weich sind. Unter fließendem Wasser abspülen und gut abtropfen lassen. In eine Schüssel geben, den Limettensaft und das Öl darüberträufeln. Ingwer, Knoblauch und Wasabi hinzufügen und alles vorsichtig mit den Nudeln vermengen. Den Thunfisch in dünne Scheiben oder kleine Stücke schneiden und mit den Nudeln, der Sojasauce und den Beilagen servieren.

Ravioli mit Hackfleisch, Walnüssen und Knoblauch

Nudeln und Saucen 185

Nudeln und Schwertfisch
mit Calabrese-Salami

pro Portion

1 Portion Nudeln
1 Scheibe Calabrese-Salami (6 g)
1 EL Olivenöl
1 Scheibe Schwertfisch (80 g)
60 ml schnelle Tomatensauce (Rezept s. unten)
1 EL trockener Rotwein
1 EL geriebener Pecorino Romano
1 Basilikumblatt, klein geschnitten
1 EL schwarze Oliven, ohne Kerne, in Scheiben

Schnelle Tomatensauce
(ergibt etwa 500 ml Sauce)

450 ml geschälte und entkernte Tomaten (oder geschälte Tomaten aus der Dose)
1 rote Paprika
1 EL Olivenöl
1 EL Rapsöl
2 gehackte Schalotten
1 gehackte Knoblauchzehe
4 EL gehacktes Basilikum
2 EL Oregano, klein geschnitten
¼ TL Rohrohrzucker
60 ml Rotwein
Salz und gemahlener schwarzer Pfeffer

Für die Sauce: Tomaten und Paprika in kleine Stücke schneiden. Das Öl in eine Pfanne geben und darin die Zwiebeln und den Knoblauch glasig dünsten. Tomaten und Paprika dazugeben und das Ganze 3 bis 4 Minuten bei mittlerer Hitze köcheln lassen. Die Kräuter und den Zucker hinzufügen, den Rotwein angießen. Die Hitze reduzieren und die Sauce mit Salz und Pfeffer abschmecken. 30 Minuten bei schwacher Hitze weiterköcheln lassen. Bei Bedarf mit Wasser verdünnen. Die Sauce mit dem Pürierstab pürieren und nach Wunsch durch ein Sieb passieren. (Nicht verarbeitete Sauce kann in einem luftdichten Behälter im Kühlschrank aufbewahrt oder eingefroren werden.)

Die Nudeln in Salzwasser al dente kochen. Beiseitestellen. Die Salamischeibe in kleine Stücke zupfen und in eine Pfanne geben. Etwas Öl hinzufügen und den Fisch darin braten. Den Fisch aus der Pfanne nehmen und mit Alufolie abgedeckt warm stellen. Eine Suppenkelle Tomatensauce in die Pfanne geben und bei mittlerer Hitze köcheln lassen. Nach Geschmack einen Schuss Rotwein dazugeben. Die Nudeln hinzufügen und sorgfältig mit der Sauce vermengen. Den Schwertfisch entweder als Filet oder in Scheiben geschnitten dazu servieren oder in kleine Würfel geschnitten unter die Nudeln mischen. Mit dem Käse bestreuen und mit Basilikum und Olivenscheiben dekoriert servieren.

Nudeln und Schwertfisch mit Calabrese-Salami

Lachs und Nudeln
in Safransauce

4 Portionen

4 Lachsfilets à 125 g, küchenfertig
Salz und frisch gemahlener schwarzer Pfeffer
2 EL Oliven- und Rapsöl im Zerstäuber
2 EL trockener Weißwein (optional)
2 EL weißer Wermut (Martini, optional)
4 Portionen rote Tomatennudeln
2 EL gehackte Petersilie

Weißwein-Sahne-Sauce

80 ml trockener Weißwein
60 ml weißer Wermut (Martini)
250 ml Fischfond
1 kleine Schalotte, fein gehackt
250 ml fettarme Milch
einige Safranfäden
2 EL kalte Butterflöckchen
Salz und frisch gemahlener schwarzer Pfeffer
1 Prise Cayennepfeffer

Fettreduzierte Sauce (als Alternative)

1 Prise Safranfäden
2 TL Maisstärke
250 ml fettarme Milch
3–4 EL fettarme Mayonnaise
Salz und gemahlener weißer Pfeffer

Die Lachsfilets nach Geschmack mit Salz und Pfeffer würzen und mit dem Öl besprühen. In einer Grillpfanne bei großer Hitze ungefähr 2 Minuten auf jeder Seite braten. Kurz vor Ende der Garzeit nach Geschmack Wein und Wermut hinzugeben. Den Fisch warm stellen. Die Nudeln in Salzwasser al dente kochen, abtropfen lassen.

Währenddessen eine der beiden folgenden Saucen vorbereiten:

Für die Weißwein-Sahne-Sauce Wein, Wermut und Fischfond mit der Schalotte in einem Topf erhitzen und auf die Hälfte einkochen lassen. Die Milch dazugeben und das Ganze erneut zum Kochen bringen. Einkochen lassen, bis eine sämige Sauce entsteht. Von der Herdplatte nehmen und den Safran einige Minuten darin ziehen lassen. Die kalte Butter mit dem Schneebesen nach und nach unterschlagen. Die Sauce durch ein Sieb passieren und mit Salz, Pfeffer und Cayennepfeffer abschmecken. Erneut vorsichtig erwärmen. (Anmerkung: Wird der Fisch mit dieser Sauce serviert, kann man den Wein bei der Zubereitung des Lachses natürlich auch weglassen.)

Für die fettreduzierte Sauce die Safranfäden in 1 Teelöffel heißem Wasser einweichen. Die Maisstärke in einen Topf geben und ein wenig Milch dazugießen, dabei darauf achten, dass keine Klumpen entstehen. Nach und nach die restliche Milch einrühren. Die Milch erwärmen, den Safran dazugeben und die Sauce unter Rühren aufkochen lassen, bis sie sämig wird. Von der Herdplatte nehmen und mit der Mayonnaise mischen. Mit Salz und Pfeffer abschmecken. Sofort servieren.

Den Fisch und die Nudeln auf vorgewärmten Tellern verteilen, die Sauce darübergeben und Petersilie darüberstreuen.

Lachs und Nudeln in Safransauce

Fisch und Meeresfrüchte

Gefüllte Calamari
kreolische Art

2–4 Portionen

2 mittelgroße Calamari, küchenfertig

Kreolischer Reis

125 g Langkornreis
feines Meersalz
200 ml Wasser
½ TL Kurkuma
1 kleiner Thymianzweig

Tomatensauce

125 g Tomatenstücke aus der Dose
1 Lorbeerblatt
1 kleine Knoblauchzehe, gehackt
¼ TL Chilipaste (Asia-Laden, optional)
1 TL Olivenöl
2 EL Rotwein

Farce

1 Fischfilet (50 g) Sardine oder Makrele, ohne Gräten
Salz und gemahlener Pfeffer
2 mittelgroße Garnelen
2 TL Olivenöl
1 EL gehackte Petersilie
125 g kreolischer Reis, gekocht (Rezept s. o.)
1 EL Pinienkerne
4 Kirschtomaten, in Würfel geschnitten
2 EL Tomatensauce (Rezept s. o.)
4 Zitronenscheiben

Für den Reis: Reis unter fließendem Wasser abspülen. Das Wasser leicht salzen und zum Kochen bringen. Reis, Kurkuma und Thymian dazugeben, umrühren und bei geschlossenem Deckel 20 Minuten garen.

Für die Tomatensauce: Tomaten, Lorbeerblatt, Knoblauch, Chilipaste, 1 Teelöffel Olivenöl und den Wein in einen Topf geben, aufkochen und 15 Minuten köcheln lassen.

Für die Farce: Den Fisch in kleine Stücke schneiden, mit Salz und Pfeffer würzen. Die Garnelen und den Fisch in Olivenöl anbraten. Mit der Petersilie bestreuen. Den Fisch mit dem gekochten Reis vermengen. Pinienkerne, Kirschtomaten und 2 Esslöffel Tomatensauce untermischen. Die Calamari damit füllen und mit Spießchen verschließen. Die Calamari in eine feuerfeste Form legen, mit etwas Olivenöl beträufeln oder mit Tomatensauce begießen. Im vorgeheizten Backofen bei 175 °C 20 Minuten garen. Die Calamari halbieren und mit jeweils einer Zitronenscheibe garniert servieren.

Gefüllte Calamari kreolische Art

Schnelle Pizza
mit Räucherlachs

4 Portionen

Pizzateig (ausreichend für ein Backblech)

- 250 ml lauwarmes Wasser
- 1 EL Rapsöl
- 1 EL Olivenöl
- 500 g Weizenvollkornmehl
- 180 g Weizenmehl
- 1 Tütchen Trockenhefe
- 1 TL feines Meersalz

Belag

- 4 EL Walnusspesto
- 4 Scheiben Räucherlachs
- das Weiße einer Lauchstange, in Ringe geschnitten
- 8–10 Champignons, in Scheiben geschnitten
- 12 schwarze Oliven, ohne Kerne, in Scheiben geschnitten
- 6–8 EL Ziegenkäse

Für den Pizzateig: Wasser und Öl in einem Topf erwärmen. Mehl in eine Rührschüssel geben und sorgfältig mit der Hefe und dem Salz vermischen. In die Mitte des Mehles eine Mulde drücken. Nach und nach das Wasser hineingießen und von der Mitte nach außen mit den Knethaken des Handrührgeräts einen glatten Teig kneten. Die Schüssel mit einem Küchentuch zugedeckt an einen warmen Ort stellen und den Teig so lange gehen lassen, bis er sich ungefähr verdoppelt hat. Ein Backblech mit Backpapier auslegen. Backofen auf 200 °C vorheizen. Auf einer bemehlten Arbeitsfläche den Teig noch einmal kurz mit der Hand kneten und auf die Größe des Backblechs ausrollen. Auf das Backblech legen und wieder ca. eine halbe Stunde mit einem Küchentuch bedeckt an einem warmen Ort gehen lassen.

Für den Belag: Den ausgelegten Pizzateig mit dem Walnusspesto bestreichen. Mit Räucherlachs, Lauch, Champignons, Oliven und Ziegenkäse belegen und 25 Minuten im Backofen backen.

Schnelle Pizza mit Räucherlachs

Fischgratin
mit Kartoffelpüree

2 Portionen

2 TL Paniermehl
3 EL geriebener Gruyère
Öl zum Einfetten der Form
250 g gekochter Fisch (Lachs, Forelle, Sardine, Hering)
80 g Kartoffelpüree
125 ml Béchamelsauce mit fettarmer Milch (Rezept siehe S. 202)
1 Prise Muskat
Salz und gemahlener schwarzer Pfeffer

Backofen auf 200 °C vorheizen. Das Paniermehl mit der Hälfte des geriebenen Käse mischen. Eine Auflaufform oder zwei Souffléförmchen einfetten. Den Fisch mit dem Pürierstab kurz pürieren. Mit dem Kartoffelpüree, der Béchamelsauce und dem restlichen Käse mischen. Mit Muskat, Salz und Pfeffer abschmecken, in die Form füllen und mit der Paniermehl-Käse-Mischung bestreuen. 5 Minuten im Backofen gratinieren und mit einem Salat servieren.

Gegrilltes Lachsfilet
à l'Orange

pro Portion

2 Scheiben frische Ananas
1 TL Sojaöl
125 ml frisch gepresster Orangensaft
1 EL trockener Weißwein
½ TL rosa Pfeffer
1½ TL Maisstärke
1 Scheibe Lachs mit Haut (ca. 125 g)
1 TL Oliven- und Rapsöl
feines Meersalz
gemahlener schwarzer Pfeffer

Die Ananasscheiben halbieren und mit Sojaöl bepinseln. In einer Grillpfanne auf jeder Seite etwa 3 Minuten braten. Mit Alufolie bedeckt warm stellen. Für die Sauce die Hälfte des Orangensafts, den Weißwein und den rosa Pfeffer in einem Topf erhitzen. In den restlichen Orangensaft die Maisstärke rühren, den Saft in den Topf geben. Die Sauce kurz unter Rühren aufkochen lassen. Das Lachsfilet in einer Pfanne mit Öl 3 bis 4 Minuten je nach Dicke auf jeder Seite braten. Mit Salz und Pfeffer würzen. Die Filets auf einem Teller mit den Ananasscheiben und etwas Sauce anrichten. Dazu passt Wildreis oder ein grüner Salat.

Tipp
Anstelle des rosa Pfeffers Schnittlauchröllchen für die Sauce verwenden.

Fischgratin mit Kartoffelpüree

Lachsschnitzel
mit Lakritz

2 Portionen

300 g Lachsfilet
Salz und frisch gemahlener schwarzer Pfeffer
1½ EL Olivenöl

Sauce

125 ml Muschelfond
125 ml fettarme Milch
125 g zarter Blattspinat
1 EL Raps- oder Sojaöl
1 EL Mehl
4–6 Cachous (Lakritz-Bonbons)
Salz und frisch gemahlener schwarzer Pfeffer

Das Lachsfilet in vier Stücke schneiden, mit Salz und Pfeffer würzen. Den Fisch in einer Pfanne mit Öl 1 bis 2 Minuten von einer Seite braten. Warm stellen. Den Muschelfond zusammen mit der Milch in einem Topf erhitzen, vom Herd nehmen und den Blattspinat hinzufügen. Den Spinat mit einem Pürierstab pürieren und die entstandene Sauce erneut erhitzen. Raps- oder Sojaöl mit dem Mehl gut verrühren und zusammen mit den Cachous mit dem Schneebesen in die Sauce rühren. Die Sauce einmal aufkochen lassen, vom Herd nehmen und abschmecken. Den Fisch auf die Teller verteilen und mit der Sauce übergießen. Mit Rohkost oder dampfgegarten grünen Bohnen, Karotten oder Knollensellerie servieren.

 Tipp

Wenn Sie keine Cachous bekommen, ersetzen Sie sie durch ein kleines Stück hartes oder weiches Lakritz (ca. 2,5 cm). Erhitzen Sie das Lakritz zusammen mit der Milch und dem Muschelfond und entfernen Sie es, je nach gewünschtem Aroma, spätestens vor dem Pürieren des Spinats.

Fisch
in Pergamentpapier gegart

pro Portion

1 Makrelenfilet (100 g)
verschiedene Gemüse, in feine, kurze Streifen geschnitten (Karotte, Frühlingszwiebeln, Chinakohl, Spargel)
2 Shiitakepilze
2 TL Olivenöl im Zerstäuber
½ TL gemahlene Leinsamen
1 TL geschälte Hanfsamen
Salz und frisch gemahlener Pfeffer

Den Backofen auf 200 °C vorheizen. Ein Pergamentpapier von mindestens 60 cm Länge von beiden Seiten hauchdünn mit Öl besprühen und auf ein Backblech legen. Einen breiten Streifen Gemüse und Pilze auf dem Papier verteilen und ebenfalls mit Öl besprühen. Den Fisch darauflegen, mit dem Rest Öl besprühen und mit Salz und Pfeffer würzen. Das Papier an beiden Seiten und den Enden mehrfach einschlagen, sodass es geschlossen bleibt. Den Fisch 10 bis 15 Minuten im Backofen garen. Das Papier wird sich aufblähen und leicht braun werden. Das fertige Filet in der Mitte durchschneiden, mit Lein- und Hanfsamen bestreuen und sofort servieren.

Fondue mit Fisch

und Meeresfrüchten

4 Portionen

Fettfisch

| Lachs |
| Forelle |
| Wolfsbarsch |
| Thunfisch |

Meeresfrüchte

| Garnelen |
| Jakobsmuscheln |
| Calamari |

Gemüse

| Paprika |
| grüner Spargel |
| Champignons |

Bouillon

| 375 ml Hühnerbrühe |
| 375 ml Fischfond |
| 60 ml Weißwein (optional) |
| 1 Bouquet garni (3 Petersilienstängel, 1 kleines Lorbeerblatt, 1 Thymianzweig) |
| 2 grob gehackte Frühlingszwiebeln |
| 1 gehackte Knoblauchzehe |
| einige Safranfäden (optional) |
| 1 Prise Cayennepfeffer |
| Salz |

Den Fisch für ca. 15 Minuten ins Gefrierfach legen, um ihn besser schneiden zu können, dann in Würfel oder schmale Streifen schneiden. Die Meeresfrüchte in mundgerechte Stücke schneiden und zusammen mit dem Fisch auf einer Platte anrichten und kühl stellen. Das Gemüse in mundgerechte Stücke schneiden. Brühe und Fond ein paar Minuten kochen lassen, nach Geschmack den Wein hinzufügen. Die Kräuter und Gewürze dazugeben. Die Brühe in einen Fonduetopf gießen. Dazu passt eine selbst gemachte Mayonnaise (s. Rezept S. 30).

Tipp

Wenn Sie gerne Zitrone zu Fisch und Meeresfrüchten essen, grillen Sie einige Zitronenhälften und reichen Sie sie als Beilage oder geben Sie sie in die Brühe.

Fischspieße

mit Chermoula-Marinade

4 Portionen

| 400 g Fettfisch mit festem Fleisch (Thunfisch, Schwertfisch, Lachs) |
| 200 g große Garnelen |
| verschiedene Gemüse (Paprika, Zwiebeln) |

Chermoula-Marinade (marrokanische Spezialität)

| 2 EL frisch gepresster Zitronensaft |
| 8 TL Olivenöl |
| 1 TL gemahlener Kreuzkümmel |
| 1 TL gemahlener Koriander |
| 1 TL Paprika |
| 2 EL Minzblätter |
| 1 EL abgeriebene Schale einer Zitrone (unbehandelt) |

Die Chermoula-Marinade anrühren. Den Fisch in Würfel schneiden. Garnelen und Fischwürfel ½ bis 1 Stunde in der Chermoula marinieren, dabei mehrmals wenden. Garnelen, Fischwürfel und Gemüse nach Wahl abwechselnd auf Holzspieße stecken, die vorher in Wasser eingeweicht wurden. Die fertigen Spießchen 4 bis 5 Minuten in einer Grillpfanne braten und währenddessen mit Chermoula bepinseln. Mit Couscous oder Reis servieren.

Fondue mit Fisch und Meeresfrüchten

Fischsoufflé

2 Portionen

2 Omega-3-Eier
75 g gedünsteter Fisch (Lachs, Forelle, Makrele, Thunfisch, Hering, Sardine)
gehackter Schnittlauch
Salz und frisch gemahlener schwarzer Pfeffer
1 Prise frisch geriebene Muskatnuss

Béchamelsauce

1 EL Rapsöl
1 EL Mehl
250 ml fettarme Milch
1 Prise frisch geriebene Muskatnuss
Salz und Pfeffer

Für die Béchamelsauce Öl und Mehl in einer Pfanne erhitzen und dabei mit dem Schneebesen verrühren. Nach und nach unter kräftigem Rühren die Milch dazugeben, kurz aufkochen lassen, bis eine sämige Sauce entsteht. Mit Salz, Pfeffer und Muskat würzen und die Sauce warm stellen. Die Eier trennen und das Eiweiß steif schlagen, zur Seite stellen. Den Fisch mit einer Gabel zerfasern und in einen Topf geben. Nach Wunsch Schnittlauch hinzufügen und den Fisch auf mittlerer Hitze erwärmen. 5 bis 6 Esslöffel Béchamelsauce unter den Fisch rühren, sodass eine cremige Masse entsteht. Mit Salz und Pfeffer abschmecken und eine Prise Muskat dazugeben. Sobald die Mischung kocht, von der Herdplatte nehmen. Das Eigelb unterrühren. Den Eischnee vorsichtig unterheben. Zwei Souffléförmchen mit der Masse füllen. Im vorgeheizten Backofen ungefähr 20 Minuten backen. Sofort servieren.

Geschmorter Thunfisch

mit Champignons

pro Portion

2 Tomaten
½ rote Paprika, in Würfel geschnitten
1 gehackte Frühlingszwiebel
Salz und gemahlener Pfeffer
1 Thunfischfilet (125g)
2 TL Olivenöl
1 kleine Zwiebel, gehackt
80 ml trockener Weißwein
80 ml Gemüse- oder Hühnerbrühe
1 TL Mehl
2–3 Stein- oder Austernpilze

Die Tomaten sternförmig einritzen und 1 Minute in kochendes Wasser geben, schälen und vierteln. Zusammen mit der Paprika und der Frühlingszwiebel mit dem Pürierstab pürieren. Die Sauce mit Salz und Pfeffer abschmecken, in einen Topf geben und beiseitestellen. Das Thunfischfilet in einer Pfanne mit 1 Teelöffel Öl von jeder Seite 1 Minute anbraten. Die gehackte Zwiebel hinzufügen und den Weißwein und die Brühe angießen. Gut verrühren und mit Salz und Pfeffer abschmecken. Den Thunfisch bei geschlossenem Deckel 10 bis 15 Minuten bei niedriger Hitze in der Brühe schmoren lassen. Den Fisch mit der Brühe auf einen tiefen Teller geben und mit Alufolie bedeckt zur Seite stellen. Die Pilze in dem restlichen Olivenöl anbraten, die Tomatensauce kurz erhitzen und auf einen tiefen Teller geben. Den Thunfisch darauflegen und mit den Champignons garnieren.

Fischsoufflé

Souvlaki
mit Schwertfisch

2 Portionen

300 g Schwertfisch, in Würfel geschnitten
1 EL Olivenöl
1 EL Rapsöl
1 EL Zitronensaft
1 EL gehackter Oregano
1 EL gehackte Petersilie
1 EL gehackte Minze
1 gehackte Knoblauchzehe
½ TL Kreuzkümmel (optional)
½ TL Rosenpaprika
½ Paprika (rot oder gelb)
8 Perlzwiebeln
6 Kirschtomaten

Zaziki

½ Salatgurke
125 ml Naturjoghurt
1 EL gehackte Minze
1 EL frischer Koriander (optional)
½ TL gepresster Knoblauch
Salz und gemahlener schwarzer Pfeffer

Zwei Holzspießchen eine Stunde in Wasser einlegen. Den Schwertfisch in eine Schüssel geben. Aus dem Öl, dem Zitronensaft, den Kräutern, dem Knoblauch und den Gewürzen eine Marinade rühren, über den Fisch geben und gut mischen. Den Fisch 30 Minuten in der Marinade ziehen lassen. Paprika in mundgerechte Stücke schneiden, Zwiebeln und Tomaten halbieren. Für das Zaziki die Gurke grob raspeln und in einer Schüssel mit dem Joghurt, den Kräutern und dem Knoblauch mischen. Mit Salz und Pfeffer abschmecken und kühl stellen. Den Fisch abwechselnd mit dem Gemüse auf die Holzspieße stecken und die Spieße in einer Grillpfanne braten, dabei mehrmals wenden und den Fisch mit der restlichen Marinade bestreichen. Mit Pita-Brot und Zaziki servieren.

Wolfsbarschfilet
mit Cidre

2 Portionen

200 g Wolfsbarschfilet
Salz und frisch gemahlener Pfeffer
2 Cortland-Äpfel, in Scheiben geschnitten
das Weiße einer Lauchstange, in Streifen geschnitten
1 Lorbeerblatt
1 Thymianzweig
125 ml Cidre brut (trocken)
1 EL Sojaöl
1 EL Mehl (Kamut-, Weizenvollkornmehl)
125 ml fettarme Milch
Öl zum Einfetten der Form

Den Backofen auf 190 °C vorheizen. Eine Auflaufform leicht einölen. Den Fisch mit Salz und Pfeffer würzen. Die Äpfel auf dem Boden der Auflaufform auslegen, den Lauch darauf verteilen. Die Kräuter darübergeben und den Fisch darauflegen. Cidre angießen und das Ganze mit Alufolie bedeckt 20 bis 25 Minuten im Backofen garen. Öl und Mehl in einer Pfanne mit einem Schneebesen zu einer Mehlschwitze verrühren, nach und nach die Milch hinzufügen und kurz aufkochen, bis eine sämige Sauce entsteht. Mit Salz und Pfeffer abschmecken. Die Sauce über den Fisch gießen oder getrennt servieren. Die geschmorten Äpfel pürieren und mit ein wenig Schmorsaft würzen. Das Püree mit neuen Kartoffeln zu dem Fisch servieren.

Souvlaki mit Schwertfisch

Gegrillte Lachsforelle
mit Limettensauce

2 Portionen

2 Lachsforellenfilets mit Haut (à 100 g), küchenfertig
1½ TL abgeriebene Limettenschale (unbehandelt)
grob gemahlener schwarzer Pfeffer
Olivenöl
1½ TL Limettensaft

Limettensauce

125 g Hüttenkäse
2 EL Crème légère
1 EL Wasser
1 TL Limettensaft
2 Blätter thailändisches Basilikum, gehackt
1 TL abgeriebene Limettenschale (unbehandelt)
1½ TL Maisstärke
weißer Pfeffer
feines Meersalz

Die Fischfilets mit der Limettenschale und dem Pfeffer würzen, dabei den Pfeffer mit einem Messer andrücken, damit er haften bleibt. Den Fisch in einer Pfanne mit Öl bei mittlerer Hitze mit der Hautseite nach unten ca. 4 Minuten, nach Wunsch auch länger, braten. Mit dem Limettensaft übergießen. Mit Alufolie bedeckt warm stellen. Für die Sauce alle Zutaten bis auf Pfeffer und Salz in einem Topf gut verrühren, je nach gewünschter Sämigkeit etwas Wasser hinzufügen. Bei milder Hitze die Sauce langsam erwärmen und mit Salz und Pfeffer abschmecken. Über den Fisch gießen und sofort servieren.

Weißer Fisch pochiert
thailändische Art

2 Portionen

½ TL Chilipulver
1 TL gemahlener Koriander
2 gemahlene Sternanissamen
Raps- oder Sesamöl
2 Frühlingszwiebeln, in Ringe geschnitten
1 Knoblauchzehe
1 Stängel Zitronengras, weich geklopft (optional)
½ TL geriebener Ingwer
200–250 g Heilbutt, in Würfel geschnitten
80 ml Gemüsebrühe
1 TL Fischsauce (Asia-Laden)
3 EL Kokosmilch
1 TL Limettensaft
einige Korianderstängel

Beilage

Fadennudeln oder Reis
Rohkost oder gebratenes Gemüse (z. B. bunte Paprika)

Chili, Koriander und Sternanissamen einige Minuten in der Pfanne anbraten, das Öl hinzufügen und darin die Frühlingszwiebeln anbraten. Knoblauch, Zitronengras und Ingwer dazugeben. Den Fisch in dieser Mischung bei hoher Temperatur 2 Minuten anbraten, mehrmals wenden und warm stellen. Brühe, Fischsauce, Kokosmilch und Limettensaft in einem kleinen Topf erhitzen und 5 Minuten köcheln lassen. Den Fisch mit der Sauce begießen, Korianderblätter darüberstreuen und mit Fadennudeln oder Reis zu Rohkost oder gebratenem Gemüse servieren.

Kokoswasser oder Kokosmilch?

Kokosmilch sollte nicht mit Kokoswasser verwechselt werden. Kokoswasser ist die süßliche, fast klare Flüssigkeit im Hohlraum der Kokosnuss. Die Kokosmilch wird hergestellt: Das Fruchtfleisch wird mit Wasser püriert und anschließend durch ein Tuch gepresst.

Kokosmilch enthält viele gesättigte Fette und im Gegensatz zur Kuhmilch wenig Kalzium. Außerdem hat sie mehr Kalorien. Sie ist also auf keinen Fall eine Alternative zur Kuhmilch.

Kokosmilch ist für einige Rezepte eine sehr interessante Zutat, sollte aber nur mit Maß verwendet werden. Kokoswasser dagegen enthält nur wenige Kalorien und keine gesättigten Fette.

Gegrillte Lachsforelle mit Limettensauce

Lachsfilet
mit Senfsauce

4 Portionen

| 4 Lachsfilets (à 125 g) |
| 2 TL Rapsöl |
| 2 TL Olivenöl |
| 1 EL gehackte Petersilie |

Senfsauce

| 4 EL Rapsöl |
| 60 g Mehl |
| 330 ml fettarme Milch |
| 2 EL Dijon-Senf oder grobkörniger Senf |
| Salz und gemahlener Pfeffer |

Für die Senfsauce Öl und Mehl in einer Pfanne mit dem Schneebesen zu einer Mehlschwitze rühren, nach und nach unter Rühren Milch dazugeben, kurz aufkochen lassen, bis eine sämige Sauce entsteht. Senf hinzufügen und mit Salz und Pfeffer abschmecken. Die Filets in einer Grillpfanne mit Öl von beiden Seiten braten, mit Petersilie bestreuen und mit der Sauce servieren.

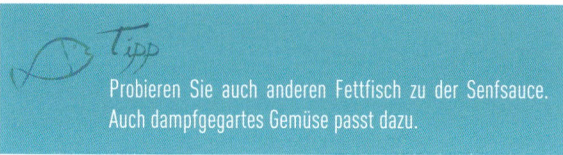

Tipp
Probieren Sie auch anderen Fettfisch zu der Senfsauce. Auch dampfgegartes Gemüse passt dazu.

Fisch mit Spinat
und Kressesauce

4 Portionen

| 180 g Blattspinat, küchenfertig, ohne Stiele |
| 1–2 EL Olivenöl (nach Geschmack) |
| 500 g Lachsfilet |
| Salz und Pfeffer |
| 250 ml Gemüsebrühe |

Kressesauce

| 1 Kressebeet |
| 1 kleine Schalotte, gehackt |
| 2 EL Olivenöl |
| 1 kleine Knoblauchzehe, gehackt |
| 310 ml fettarme Milch |
| 200 ml Gemüsebrühe |
| Salz und Pfeffer |
| 2 EL Mehl |

Für die Kressesauce die Kresse kurz unter den Blättchen mit einer Schere abschneiden. Die Schalotte in einer Pfanne mit Öl bei mittlerer Hitze glasig dünsten, Knoblauch und Kresse dazugeben. Vom Herd nehmen und die Milch und die Brühe hinzufügen. Mit Salz und Pfeffer abschmecken und mit dem Pürierstab pürieren. Mehl mit 2 Esslöffel Wasser verrühren und in die Sauce geben. Die Sauce erneut erhitzen und unter Rühren aufkochen lassen, bis sie sämig ist. Beiseitestellen. Den Spinat in einer Pfanne mit Öl kurz dünsten, zur Seite stellen. Den Fisch mit Salz und Pfeffer würzen und je nach Wunsch und Dicke der Filets ca. 6 bis 8 Minuten in der Gemüsebrühe pochieren. Den Fisch auf dem Spinat anrichten und mit heißer Kressesauce servieren.

Lachsfilet mit Senfsauce

Tartar

von Forelle und Birne

2 Portionen

1 Forellenfilet (300 g, Sushi-Qualität), in Würfel geschnitten
1 kleine feste Birne, in Würfel geschnitten
1 EL fein gehackte Schalotte
2–3 frische Minzblätter, sehr fein geschnitten
1 EL Olivenöl
1 EL Rapsöl
1 EL Zitronensaft
1 TL gehackter Ingwer
Salz und frisch gemahlener grüner Pfeffer
Brunnenkresse oder Mesclun-Salat

Alle Zutaten bis auf die Brunnenkresse in einer Schüssel gut vermengen, mit Salz und Pfeffer abschmecken. Je ein Nest aus Brunnenkresse auf zwei Teller verteilen. Mit zwei größeren Ausstechformen zwei Tartar-Türmchen aus der Fisch-Birnen-Mischung formen und 20 bis 30 Minuten im Kühlschrank ziehen lassen, dabei den Tartar noch in der Form lassen. Zum Servieren die Formen entfernen.

Lachsschnitzel

in Schnittlauchsauce

2 Portionen

2 Lachsschnitzel (à 150 g), küchenfertig
2 TL Olivenöl
Salz und frisch gemahlener schwarzer Pfeffer

Cremige Schnittlauchsauce

125 ml Fischfond
1 TL gehackte Schalotte
125 ml fettarme Milch
2 TL Rapsöl
2 TL Mehl
Salz und frisch gemahlener schwarzer Pfeffer
1½ TL Schnittlauch, in Röllchen geschnitten

Für die Schnittlauchsauce den Fischfond mit der Schalotte bei mittlerer Hitze in einer Pfanne erwärmen und anschließend durch ein Sieb gießen. Die Milch zu dem Fond geben und das Ganze langsam zum Kochen bringen. Vom Herd nehmen. In einer Pfanne Öl und Mehl mit einem Schneebesen zu einer Mehlschwitze verrühren, unter Rühren nach und nach den Fond mit der Milch dazugeben. Aufkochen lassen, bis eine sämige Sauce entsteht. Mit Salz und Pfeffer abschmecken und den Schnittlauch unterrühren. Warm stellen. Den Lachs ca. 15 Sekunden auf jeder Seite in einer Grillpfanne mit etwas Öl anbraten. Abschmecken und mit der Sauce anrichten.

Tartar von Forelle und Birne

Lachsscheiben
mit konfiertem Knoblauch

2 Portionen

2 Knoblauchknollen, geschält
4 EL Gänseschmalz
2 mittelgroße Kartoffeln, geschält
2 junge Karotten, geputzt
2 Lachsscheiben (à 125 g)
4 Schnittlauchhalme, in Röllchen geschnitten
Salz und Pfeffer

Den Backofen auf 150 °C erhitzen. Die geschälten Knoblauchzehen mit Gänseschmalz bepinseln und in einer feuerfesten Form verteilen. Ca. 45 Minuten im Backofen garen, bis sie weich sind.
Die Kartoffeln und die Karotten dampfgaren, bis sie halb gar sind. Abtropfen lassen. Die Kartoffeln in dicke Scheiben schneiden und die Scheiben halbieren. Die Karotten nach Wunsch schneiden. Mit Alufolie bedeckt warm stellen. Den Lachs in einer Pfanne mit ein wenig Gänseschmalz je nach Geschmack ca. 8 bis 10 Minuten braten, dabei mehrmals wenden. Die Kartoffeln und Karotten ebenfalls kurz in dem Gänseschmalz schwenken. Den Fisch und das Gemüse mit Schnittlauch bestreuen, mit Salz und Pfeffer abschmecken und mit einem grünen Salat servieren.

Gänseschmalz

In ernährungswissenschaftlicher Hinsicht ist Gänseschmalz zwischen Butter und Olivenöl anzusiedeln. Es hat zwar weniger gesättigte Fettsäuren als die Butter, aber nicht so viele einfach ungesättigte Fettsäuren wie Oliven- und Rapsöl. Genießen Sie es also hauptsächlich wegen seines Geschmacks. Verwenden Sie bevorzugt Öle, die reich an einfach oder mehrfach ungesättigten Fettsäuren sind, sie sind gesünder für Ihr Herz.

Eingelegter Fisch
mit Perlzwiebeln

2 Portionen

1 Wolfsbarschfilet (200 g)
1 Prise Salz
3 EL Olivenöl

Marinade

285 g Perlzwiebeln, in dünne Ringe geschnitten
1 kleine Karotte, in dünne Scheiben geschnitten
8 EL Weißweinessig
1 Prise Safran
1 Lorbeerblatt
1 Prise Kreuzkümmel
200 ml Weißwein

Das Wolfsbarschfilet halbieren und salzen. In einer Pfanne mit Öl 3 Minuten braten, dabei wenden. Die Filetstücke auf tiefe Teller legen. Für die Marinade Zwiebeln und Karotte in derselben Pfanne anbraten, die auch für den Fisch benutzt wurde. Mit dem Essig ablöschen und Safran, Lorbeerblatt und Kreuzkümmel hinzufügen. Alles zusammen bei mittlerer Hitze 5 Minuten köcheln lassen. Die Marinade mit dem Weißwein angießen und kurz zum Kochen bringen. Über den Fisch verteilen und das Ganze 24 Stunden im Kühlschrank ziehen lassen. Kalt oder bei Zimmertemperatur servieren.

Lachsscheiben mit konfiertem Knoblauch

Fisch und Meeresfrüchte

Seezungenfilet
im Kimono

pro Portion

1 kleine Kirschtomate
1 Seezungenfilet (125 g)
Salz und frisch gemahlener schwarzer Pfeffer
¼ TL Soja- oder Rapsöl
250 ml Gemüsebrühe
2 Blätter Reispapier (je 16 cm Durchmesser)
1 Schnittlauchhalm
2 Kerbelblättchen
1 EL Kürbiskernöl
¼ – ½ TL milde Sojasauce

Die Kirschtomate kurz mit heißem Wasser überbrühen und die Haut abziehen. Zur Seite stellen. Den Fisch auf einer Seite salzen und pfeffern. In einer mit eingeöltem Backpapier ausgelegten Pfanne 3 bis 4 Minuten garen oder in der heißen Gemüsebrühe 4 bis 5 Minuten je nach Dicke des Filets pochieren. Das Reispapier 1 Minute in lauwarmem Wasser einweichen und auf ein feuchtes Küchentuch legen. Das Fischfilet auf einen Teller legen. Aus Schnittlauch, Kerbel und der klein geschnittenen Tomate auf dem Fisch eine Blume formen (s. Foto S. 221). Das Filet in das Reispapier hüllen und auf der Unterseite verschließen. Mit etwas Kürbiskernöl und milder Sojasauce servieren.

Thunfisch-Tartar
und Jakobsmuscheln mit Koriander

2–3 Portionen

150 g roher Thunfisch (Sushi-Qualität), küchenfertig
150 g Jakobsmuscheln, küchenfertig
1 EL Limettensaft
1 Prise Chilipulver (optional)
Salz und frisch gemahlener schwarzer Pfeffer
2 TL Hanföl
2 Frühlingszwiebeln, in sehr dünne Ringe geschnitten
2 EL Stangensellerie (innere, hellgrüne Stiele), fein gehackt
½ TL fein gehackte Petersilie
2 Nori-Algenblätter (Asia-Laden, optional)

Thunfisch und Jakobsmuscheln in kleine Stücke schneiden und in eine Schüssel geben. Den Limettensaft darüberträufeln und vorsichtig mit dem Fisch und den Muscheln mischen. Nach Geschmack mit Chili würzen, mit Salz und Pfeffer abschmecken. Öl, Frühlingszwiebeln und Sellerie dazugeben. Eventuell nachwürzen und alles vorsichtig vermengen. 30 Minuten bis 1 Stunde im Kühlschrank ziehen lassen. Abtropfen lassen, die Petersilie untermischen und erneut abschmecken. Auf Nori-Blättern servieren.

Seezungenfilet im Kimono

Gegrillter Lachs
mit Ziegenkäse

pro Portion

1 Lachsfilet ohne Haut (100 g), küchenfertig
Rapsöl
60 g Ziegenkäse
1 EL grobkörniger Senf
Salz und gemahlener schwarzer Pfeffer
1 Estragonzweig

Den Backofen auf 190 °C vorheizen. Ein Backblech mit Rapsöl bestreichen. Das Filet von beiden Seiten vorsichtig einritzen, ohne es durchzuschneiden. Die Schnittöffnungen mit dem Ziegenkäse füllen und das Filet mit dem Senf bestreichen. Salzen und pfeffern. Den Estragonzweig unter das Filet legen und den Fisch je nach Geschmack 10 bis 15 Minuten im Backofen garen. Mit dampfgegartem Gemüse oder einem Rohkostsalat servieren.

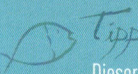

Tipp

Dieser Fisch lässt sich auch sehr gut in einer Grillpfanne zubereiten. Als besondere Geschmacksnote zerstoßenen rosa Pfeffer über das gegrillte Lachsfilet streuen. Anstelle des Estragons kann man auch einen Rosmarinzweig oder einige Schnittlauchhalme unter den Fisch legen.

Schnelles Fischfilet
mit Zitrone

pro Portion

150 g Fettfisch mit festem Fleisch (Lachs, Thunfisch, Wolfsbarsch, Schwertfisch)
1 EL Olivenöl im Zerstäuber
2 EL glatte Petersilie, gehackt
2 EL abgeriebene Zitronenschale (unbehandelt)
Salz und gemahlener schwarzer Pfeffer
2 EL Zitronensaft

Eine Grillpfanne erhitzen und mit etwas Olivenöl besprühen. Die Petersilie und die Zitronenschale in die Pfanne geben und 1 Minute unter Rühren dünsten. Das Fischfilet mit Salz und Pfeffer würzen. Den Fisch bei großer Hitze auf beiden Seiten je 2 Minuten grillen. Kurz vor Ende der Bratzeit den Zitronensaft hinzufügen. Mit Gemüse oder einem grünen Salat servieren.

Gegrillter Lachs mit Ziegenkäse

Fischspieße
mit Garnelen und Mango

4 Portionen

300 g Wolfsbarsch, in kleine Würfel geschnitten
8 Garnelen
1–2 Mangos, in kleine Würfel geschnitten
4 Frühlingszwiebeln, in mundgerechte Stücke geschnitten

Marinade

1 EL Zitronensaft
3 EL Olivenöl
1 EL gehackte Petersilie
1 EL gehackter Fenchel
½ TL geriebener Ingwer (optional)
frisch gemahlener schwarzer Pfeffer

Mangosauce

½ Mango
1 EL Honig (optional)
1 kleine Knoblauchzehe
125 ml Orangensaft
1 TL milde Sojasauce
einige Tropfen Tabasco

Vier Holzspieße 1 Stunde lang in lauwarmem Wasser einweichen. Die Zutaten für die Marinade verrühren und darin den Fisch und die Garnelen einlegen. 8 Mangowürfel zurückbehalten, den Rest mit den Zutaten für die Mangosauce mit dem Pürierstab pürieren. Die Sauce in einem Topf vorsichtig erwärmen. Fisch, Garnelen, Mangos und Frühlingszwiebeln abwechselnd auf die Spieße stecken und die Spieße in einer Grillpfanne 6 bis 8 Minuten braten, dabei mehrmals wenden. Mit der Mangosauce reichen.

Heilbuttfilet
mit Currysauce

4 Portionen

4 Heilbuttfilets (à 125 g), küchenfertig
Salz und frisch gemahlener schwarzer Pfeffer
2 EL Olivenöl
4 TL Mohnsamen
1 rote Zwiebel, in dünne Ringe geschnitten
500 g junger Blattspinat, küchenfertig, ohne Stiele

Sauce

2 TL Maisstärke
250 ml Fischfond
1 gehackte Schalotte
1 TL Olivenöl
1 EL Curry
½ TL Kurkuma (optional)
1 EL Zitronensaft (optional)
Salz und frisch gemahlener schwarzer Pfeffer

Die Fischfilets mit Salz und Pfeffer würzen und in einer Grillpfanne mit 1 Esslöffel Öl von jeder Seite je nach Geschmack und Dicke der Filets 3 bis 4 Minuten braten. Mohnsamen auf die Filets streuen. Mit Alufolie bedeckt warm stellen.
Für die Sauce die Maisstärke mit ein wenig Fond mischen und zur Seite stellen. Die Schalotte bei mittlerer Hitze in einer Pfanne mit Öl glasig dünsten, Curry und Kurkuma dazugeben, den Fond angießen. Das Ganze zum Kochen bringen, die aufgelöste Maisstärke mit dem Schneebesen einrühren und alles noch einmal kurz aufkochen lassen. Mit Zitronensaft und Salz und Pfeffer abschmecken. Die rote Zwiebel mit dem Spinat einige Minuten in einer Pfanne mit dem restlichen Öl anbraten. Die Fischfilets auf einen tiefen Teller legen, die Sauce danebengießen und mit dem Spinat als Beilage servieren.

 Tipp
Die Sauce kann mit Naturjoghurt oder fettarmer Milch abgewandelt werden.

Fischspieße mit Garnelen und Mango

Fisch und Meeresfrüchte

Schmortöpfe
und Ragouts

Spanisches Ragout
mit Meeresfrüchten

4 Portionen

125 ml trockener Weißwein
500 g Miesmuscheln
500 g große Teppichmuscheln (Palourdes)
1 gehackte Zwiebel
2 EL Olivenöl
1 EL Rapsöl
350 g Calamari, in Ringe geschnitten
1 EL Zitronensaft
250 g Tomatenstücke aus der Dose
einige Tropfen Tabasco
2 gehackte Knoblauchzehen
4–5 Safranfäden
1 Lorbeerblatt
60 ml Sherry oder Rotwein
250 g mittelgroße Garnelen
4–6 gekochte Langusten
250 g Kabeljaufilet, in Würfel geschnitten
250 g gekochter Langkornreis
2 EL glatte Petersilie, gehackt
Salz und frisch gemahlener schwarzer Pfeffer
¼ TL Leinöl, gemischt mit 2 EL Öl nach Wunsch, entweder Hanf-, Kürbiskern-, Soja- oder Olivenöl

Wein und 500 ml Wasser in einen großen Kochtopf geben, zum Kochen bringen und die Muscheln darin ca. 4 Minuten bei geschlossenem Deckel garen. Die Muscheln herausnehmen, geschlossene Muscheln wegwerfen, alle anderen aus den Schalen lösen und die Schalen ebenfalls wegwerfen. Das Muschelfleisch beiseitestellen. Den Muschelsud durch ein Sieb schütten und aufbewahren. Die Zwiebel in dem gleichen Topf in Öl glasig dünsten. Den Muschelsud dazugeben und Calamari, Zitronensaft, Tomaten, Tabasco, Knoblauch, Safran, Lorbeerblatt und Sherry einrühren. Das Ganze zum Kochen bringen, anschließend bei schwacher Hitze 10 Minuten köcheln lassen. Garnelen, Langusten, Kabeljaufilet und Reis hinzufügen und alles gut verrühren. 10 Minuten weiterköcheln lassen und die Petersilie hinzufügen. Nach Bedarf mit etwas Wasser auffüllen. Mit Salz und Pfeffer abschmecken. Kurz vor dem Servieren das Öl über das Ragout träufeln.

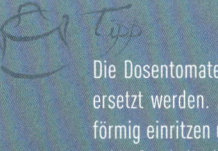

Tipp

Die Dosentomaten können durch circa 5 frische Tomaten ersetzt werden. Zum Überbrühen die Tomatenhaut sternförmig einritzen und kurz in kochendes Wasser geben. Anschließend die Haut abziehen, den Stielansatz entfernen und weiterverarbeiten.

Portugiesischer Schmortopf

4–6 Portionen

100 g Sardinen oder Makrele	500 g Tomatenstücke aus der Dose
150 g Seeteufel oder Jakobsmuscheln	125 g Paprika, in Würfel geschnitten
30 g Räucherlachs	180 g Rundkornreis, gekocht
1 gehackte Zwiebel	1 Lorbeerblatt
1 TL Olivenöl	2 EL gehackte Petersilie
1 TL Rapsöl	150 g Garnelen
750 ml Fisch- oder Geflügelfond	Salz und gemahlener Pfeffer
125 ml trockener Weißwein	einige Tropfen Tabasco
4 getrocknete Tomatenhälften, gehackt	1 EL Olivenöl und ¼ TL Leinöl, gemischt
2 gehackte Knoblauchzehen	

Sardinen oder Makrele, Seeteufel oder Jakobsmuscheln und den Räucherlachs in mundgerechte Stücke schneiden. In einem großen Kochtopf die Zwiebel mit dem Öl anbraten. Den Fischfond und die restlichen Zutaten, bis auf die Garnelen und die Jakobsmuscheln, hinzufügen. Das Ganze 40 Minuten köcheln lassen. Die Garnelen und die Jakobsmuscheln erst am Ende der Garzeit noch etwa 3 bis 4 Minuten mitköcheln lassen. Den Schmortopf mit Salz und Pfeffer sowie einigen Spritzern Tabasco abschmecken. Kurz vor dem Servieren mit dem Öl beträufeln.

Portugiesischer Schmortopf

Schmortopf
mit Schokolade

4–6 Portionen

- 500 ml Hühnerbrühe
- 750 g Tomatenstücke aus der Dose
- 2 Zucchini (gelb und grün)
- 2 mittelgroße grüne Paprika
- 450 g verschiedene Fische (Makrele, Hering, Thunfisch)
- 2 gehackte Zwiebeln
- 2 EL Rapsöl
- ½ TL gemahlener Koriander
- 1 Prise Nelkenpulver
- ½ TL gemahlener Zimt
- 1 Prise Kurkuma
- ½ TL Kreuzkümmel
- 1 Prise Chipotle-Chilipulver (scharf, rauchig, Feinkostladen)
- ¼ TL Ancho-Chilipulver (mild, Feinkostladen)
- 125 g gemischte Kerne (Kürbis-, Sonnenblumen-, Walnusskerne)
- 60 g Bitterschokolade (70 % Kakao)
- 2 gehackte Knoblauchzehen
- 250 g Maiskörner
- 250 g rote Bohnen, gekocht
- 1 Prise Salz
- 4 TL Hanföl (optional)
- 2 EL gemahlene Lein- oder Hanfsamen (optional)

Die Hühnerbrühe in einem großen Topf erwärmen. Die Dosentomaten hinzufügen, kurz aufkochen und dann köcheln lassen. Inzwischen das Gemüse und den Fisch in Würfel schneiden und zur Seite stellen. Die Zwiebeln in einer Pfanne mit 1 Esslöffel Rapsöl anbraten. Gewürze und Kerne dazugeben. Ein paar Minuten unter Rühren bei schwacher Hitze schmoren lassen, damit die Aromen sich entfalten können. Die Schokolade und den Knoblauch hinzufügen, die Schokolade unter Rühren schmelzen lassen. Den Rest Rapsöl dazugeben. Ein wenig Hühnerbrühe angießen und das Ganze mit dem Pürierstab pürieren. Zusammen mit den restlichen Zutaten, bis auf das Hanföl und die Leinsamen, zu der Hühnerbrühe geben. Den Schmortopf noch 20 bis 30 Minuten köcheln lassen. Nach Bedarf nachwürzen und noch etwas Wasser hinzufügen. Nach Wunsch kurz vor dem Servieren das Öl über die Suppe träufeln und die Leinsamen darüberstreuen.

Schmortopf mit Schokolade

Schmortopf mit Ei
und Lachs

4–6 Portionen

10 große Omega-3-Eier
Salz und gemahlener schwarzer Pfeffer
2 gehackte Schalotten
1 TL Rapsöl
4 EL Kamutmehl
1 l fettarme Milch
1 Lorbeerblatt
250 g Mais
4–6 Brotscheiben (Kamut, Dinkel)
2 Scheiben Räucherlachs, in feine, kurze Streifen geschnitten
8–12 schwarze Oliven, ohne Kerne, in Scheiben

Die Eier 8 bis 10 Minuten hart kochen, in Scheiben schneiden, salzen und pfeffern und zur Seite stellen. Die Schalotten in einer Pfanne mit Öl bei schwacher Hitze anbraten. Das Mehl mit ¼ Liter Milch verrühren (dabei die Milch nach und nach einrühren) und diese Mischung zusammen mit dem Lorbeerblatt und der restlichen Milch in die Pfanne geben. Das Ganze bei mittlerer Hitze unter Rühren aufkochen lassen, bis eine sämige Sauce entsteht. Mit Salz und Pfeffer abschmecken. Die Temperatur reduzieren, den Mais dazugeben und die Sauce noch ein paar Minuten köcheln lassen. Inzwischen das Brot toasten. Lachs und Eier kurz vor dem Servieren unter die Sauce mischen. Den Schmortopf auf den Brotscheiben mit den Oliven garniert servieren.

Cassoulet
mit Fisch und Meeresfrüchten

4 Portionen

450 g Miesmuscheln	2 Tomaten, klein geschnitten
250 ml Weißwein	250 g Tintenfisch, küchenfertig, klein geschnitten
1 große Zwiebel, gehackt	2 gehackte Knoblauchzehen
2 Karotten, in Scheiben geschnitten	500 g weiße Bohnen, gekocht
2 Stangen Staudensellerie, klein geschnitten	2 EL Tomatenmark
1 TL Oliven- und Sojaöl	125 ml Muschelfond
1 TL Paprikapulver	125 ml Tomatensaft
Salz und frisch gemahlener schwarzer Pfeffer	1 EL gehackte Petersilie
250 g Fettfisch (Makrele, Thunfisch), klein geschnitten	1 Lorbeerblatt
	250 g mittelgroße Garnelen
2 Scheiben Räucherlachs, klein geschnitten	1 EL Hanföl (nach Geschmack)

Die Muscheln in einem großen Topf in 125 ml Wein und 250 ml Wasser bei hoher Temperatur ca. 4 Minuten mit geschlossenem Deckel garen. Die geschlossenen Muscheln wegwerfen, die übrigen aus den Schalen lösen und die Schalen ebenfalls wegwerfen. Den Muschelsud durch ein Sieb gießen und mit den Muscheln beiseitestellen. In einer Pfanne Zwiebel, Karotten und Sellerie in Öl anbraten. Mit Paprika, Salz und Pfeffer abschmecken. Das Ganze zusammen mit den restlichen Zutaten, bis auf Muscheln, Garnelen und Hanföl, in den großen Topf geben. Nach Wunsch mit etwas Wasser auffüllen. Die Suppe zum Kochen bringen und dann bei niedriger Temperatur 20 bis 30 Minuten bei geschlossenem Deckel köcheln lassen. 4 bis 5 Minuten vor Ende der Kochzeit die Garnelen dazugeben und unmittelbar vor dem Servieren die Muscheln hinzufügen. Erneut mit Salz und Pfeffer abschmecken. Nach Wunsch jede Portion mit Hanföl beträufeln.

Schmortopf mit Ei und Lachs

Schmortopf mit Sardinen
mexikanische Art

4 Portionen

4 Sardinen (300–375 g), filetiert, ohne Gräten	½–1 TL Jalapeño-Chili aus der Dose, fein gehackt (sehr scharf, Feinkostladen)
2 Knoblauchzehen, grob gehackt	Salz
1 EL Olivenöl	2 EL frische Petersilie, gehackt
2 EL Rapsöl	2 Korianderzweige, gehackt
1 gegrillte rote Paprika, in Würfel geschnitten	4 EL Hanfsamen und Kürbiskerne, gemischt
½ grüne Paprika, in Würfel geschnitten	1 TL Hanföl
1 TL Kreuzkümmel	
750 g pürierte Tomaten aus der Dose	### Beilagen
250 ml Hühnerbrühe	Tortillas
500 g Adzukibohnen, gekocht	1 klein gehackter Mozzarella light
½–1 TL Ancho-Chilipulver (mild, Feinkostladen, optional)	4 EL Sauerrahm

Die Sardinenfilets in kleine Stücke schneiden. Den Knoblauch in einer Pfanne mit dem Öl anbraten, Paprika und Kreuzkümmel dazugeben und gut verrühren. Tomaten, Hühnerbrühe, Bohnen, Chili und Sardinen hinzufügen. Das Ganze zum Kochen bringen und bei geschlossenem Deckel 10 bis 15 Minuten schmoren lassen. Je nach gewünschter Sämigkeit etwas Wasser hinzufügen und mit Salz abschmecken. Kurz vor dem Servieren mit Petersilie, Koriander und den Kernen bestreuen und mit dem Öl beträufeln. Mit Tortillas, geschmolzenem Mozzarella und Sauerrahm servieren.

Schmortopf mit Sardinen

Desserts

Konfekt
mit Walnuss

36 Portionen

60 g Bitterschokolade (70 % Kakao)
1 Omega-3-Eiweiß
1 Prise Salz
2 EL fettarme Milch
375 g Puderzucker, gesiebt
½ TL Vanille- oder Pfefferminz-Extrakt
180 g gehackte Walnüsse oder geschälte Hanfsamen
Butter zum Einfetten der Form

Die Schokolade im Wasserbad schmelzen und abkühlen lassen. Das Eiweiß mit dem Salz und der Milch steif schlagen, dabei nach und nach den Puderzucker dazugeben. Die geschmolzene Schokolade und das Vanille-Extrakt hinzufügen und so lange rühren, bis eine Creme entsteht. Die Nüsse unterrühren. In eine eingefettete Glasschüssel oder Auflaufform füllen und kurz ins Gefrierfach stellen. Die fest gewordene Masse in kleine Würfel schneiden und in einem luftdicht verschlossenen Behälter im Kühlschrank aufbewahren.

Zarte Ecken
mit Datteln und Walnüssen

12 Riegel oder 36 Ecken

125 g weiche Butter
250 g Datteln
125 g Dinkel- oder Weizenvollkornmehl
2 EL Dinkelkleie
½ TL Speisestärke
1 Omega-3-Ei
125 g Zucker
¼ TL feines Meersalz
250 g gehackte Walnüsse

Den Backofen auf 175 °C vorheizen. Die Butter in einem Topf schmelzen und abkühlen lassen. Die Datteln entkernen, hacken und zur Seite stellen. Mehl, Kleie und Speisestärke sieben. Ei und Zucker mit dem Handrührgerät schaumig schlagen. Erst die Butter, dann das gesiebte Mehl und das Salz hinzufügen und alles gut verrühren. Datteln und Walnüsse dazugeben. Die Masse auf einem mit Backpapier ausgelegten Backblech verteilen. Ca. 30 Minuten backen. Mit einem Zahnstocher in die Mitte des Teigs stechen, bleibt kein Teig daran kleben, ist der Kuchen fertig. Erkalten lassen und in Riegel oder Ecken schneiden. In einem luftdicht verschlossenen Behälter aufbewahren.

Schnelle Eiscreme
mit Äpfeln, Zimt und Walnüssen

6 Portionen

500 ml Apfelkompott, ungesüßt
125 ml fettarmer Vanillejoghurt
60 g Zucker oder 2 EL Honig (optional)
1 TL gemahlener Zimt
60 g gehackte Walnüsse

Den Apfelkompott 3 bis 4 Stunden zum Anfrieren in einer Schüssel ins Gefrierfach stellen. Herausnehmen und zusammen mit allen anderen Zutaten – einige Walnüsse vorher zum Garnieren zur Seite stellen – mit dem Pürierstab pürieren, bis eine cremige Masse entsteht. In Gläser oder kleine Schälchen füllen, mit den restlichen Walnüssen garnieren und sofort servieren. Den Rest Püree im Eisfach aufbewahren, bei Bedarf bei Zimmertemperatur auftauen und vor dem Servieren mit einer Gabel kräftig durchrühren.

Brownies
glutenfrei

20 Portionen

120 g Bitterschokolade (70 % Kakao)
125 g Butter oder 125 ml Rapsöl
180 g Zucker
3 Omega-3-Eier
1 TL Vanille-Extrakt
180 g Buchweizenmehl
½ TL Speisestärke
125 g gehackte Walnusskerne
60 g geschälte Hanfsamen

Schokoladensauce (optional)

100 g Bitterschokolade (50–70 % Kakao)
1 TL Walnussöl
¼ TL Leinöl

Den Backofen auf 175 °C vorheizen. Die Schokolade im Wasserbad schmelzen, anschließend abkühlen lassen. Butter oder Öl und Zucker mit dem Handrührgerät cremig rühren. Eier und Vanille-Extrakt einrühren. Mehl, Speisestärke, Schokolade, Nüsse und Hanfsamen unter Rühren hinzufügen. Eine Kastenform mit Backpapier auslegen, die Masse einfüllen und 25 bis 35 Minuten backen. Mit einem Zahnstocher in die Mitte stechen: Klebt kein Teig daran, ist der Kuchen fertig. Auf einem Rost abkühlen lassen und in Stücke schneiden. Für die Sauce die Schokolade im Wasserbad schmelzen, Walnuss- und Leinöl unterrühren. Die Sauce abkühlen lassen und über die Brownies gießen.

Schnelle Eiscreme

Desserts 237

Gefüllte Datteln
mit Nüssen

15 Portionen

- 250 g Datteln
- 2 EL Pistazien
- 2 EL Haselnüsse
- 1 TL Walnussöl
- 2 EL Marzipanrohmasse
- 1 EL gemahlene Leinsamen
- ½ TL Kardamompulver (optional)
- 50 g Bitterschokolade (optional) für die Glasur

Die Datteln entkernen, Pistazien und Haselnüsse hacken. Das Walnussöl unter die Marzipanrohmasse kneten. Pistazien, Haselnüsse, Leinsamen und Kardamom ebenfalls unter die Masse kneten und damit die Datteln füllen. Nach Wunsch die Schokolade im Wasserbad schmelzen. Die Datteln auf Zahnstocher spießen und mit der Schokolade bepinseln. Abkühlen lassen. Die Datteln können in einem luftdicht verschlossenen Behälter aufbewahrt werden. Bei Zimmertemperatur servieren.

Gefüllte Datteln
mit Orangencreme

15 Portionen

- 4 EL Walnuss-, Kürbiskerne, Lein- und Hanfsamen, gemischt
- 4 EL fettarmer Frischkäse
- ½–1 TL abgeriebene Orangenschale (unbehandelt)
- ½ TL frisch gepresster Orangensaft
- 250 g Datteln

Walnuss- und Kürbiskerne, Lein- und Hanfsamen nach Wunsch hacken oder mahlen. Zusammen mit den restlichen Zutaten in einer Schüssel mit einer Gabel mischen. Die Datteln entkernen und der Länge nach aufschneiden. Mit der Orangencreme füllen. In einem luftdicht verschlossenen Behälter im Kühlschrank aufbewahren. Bei Zimmertemperatur servieren.

Gefüllte Datteln mit Nüssen

Karottenkuchen
mit Walnüssen (glutenfrei)

10–12 Portionen

4 Omega-3-Eier
250 g Zucker
500 g Buchweizen- oder Weizenvollkornmehl
2 TL Speisestärke
1 TL Backpulver
250 ml Raps-, Soja- oder Sonnenblumenöl, gemischt
¼ TL feines Meersalz
2 TL gemahlener Zimt
1 Prise Nelkenpulver
125 g geriebene Karotten
250 g Ananasstücke, abgetropft
180 g gehackte Walnusskerne
Mehl und Butter für die Form

Ananasglasur

250 g fettarmer Frischkäse
375 g Puderzucker
½ TL Vanille-Extrakt
125 g getrocknete Ananas, gehackt
2 EL gemahlene Leinsamen (optional)

Den Backofen auf 160 °C vorheizen. Eine runde Kuchenform mit Butter einfetten und mit Mehl bestäuben. Die Eier und den Zucker mit dem Handrührgerät schaumig schlagen. Abwechselnd gesiebtes Mehl, Speisestärke, Backpulver und Öl dazugeben und gut verrühren. Den Rest der Zutaten hinzufügen und wieder alles gut verrühren. Den Teig in die Form füllen und 40 bis 45 Minuten backen. Mit einem Zahnstocher in die Mitte stechen, bleibt kein Teig daran kleben, ist der Kuchen fertig. Für die Glasur den Frischkäse mit einem Schneebesen cremig rühren. Nach und nach den Puderzucker unterrühren. Mit dem Vanille-Extrakt würzen und kräftig weiterrühren. Ananasstücke und Leinsamen einrühren. Die Glasur mit einem breiten Messer auf den Kuchen streichen. In einem luftdicht verschlossenen Behälter im Kühlschrank aufbewahren.

Tipp
Den Kuchen mit Kardamom würzen.

Popcornbällchen
mit Früchten und Walnüssen

60 ml Ananassaft
180 g Rohrohrzucker
3 EL Butter
2 EL Ahornsirup
¼ TL Salz
8 Tassen Popcorn, ungesüßt
125 g Walnusskerne
125 g Pekannüsse
250 g gehackte Trockenfrüchte (Rosinen, Cranberrys, Papaya und Aprikosen)
Sonnenblumenöl zum Formen der Bällchen

Ananassaft, Rohrohrzucker, Butter, Ahornsirup und Salz in einen Topf geben, kurz aufkochen und weitere 7 bis 8 Minuten köcheln lassen, bis die Masse sämig wird. Vom Herd nehmen. Popcorn, Nüsse und Trockenfrüchte untermischen. Die Masse auf Backpapier ausbreiten. Etwas Öl in den Händen verteilen und aus der Masse Bällchen formen. Die Bällchen können einige Tage vor dem Verzehr zubereitet werden. In einem luftdicht verschlossenen Behälter auf Backpapier geschichtet aufbewahren.

Karottenkuchen mit Walnüssen

Nüsse und Trockenfrüchte
in würzigem Honig

5 Einmachgläschen à 100 ml

500 ml milder Honig
abgeriebene Orangenschale (unbehandelt)
180 g Trockenfrüchte (Cranberrys, Feigen, Rosinen, Datteln, Aprikosen)
250 g Walnusskerne
2 ½ Zimtstangen (optional)
5 Gewürznelken
5 Sternanis

Den Honig langsam in einem Topf erwärmen, die Orangenschale hinzufügen. Die Trockenfrüchte nach Wunsch halbieren. In jedes Gläschen Trockenfrüchte, Walnusskerne, je ½ Zimtstange, 1 Gewürznelke und 1 Sternanis geben. Den Honig bis zum Rand einfüllen. Die Gläschen fest verschließen. Sie halten sich bis zu 1 Monat im Kühlschrank. Bei Zimmertemperatur servieren.

Schokoladenkekse
mit Walnüssen

ca. 30 Kekse

500 g Weizenvollkorn- oder Kamutmehl
½ TL Speisestärke
½ TL Backpulver
¼ TL Salz
180 g Halbbitterschokolade
125 g Süßrahmbutter
2 Omega-3-Eier
250 g Rohrohrzucker
60 g Zucker
125 ml Rapsöl
1 TL Vanille-Extrakt
125 g getrocknete Cranberrys, gehackt
125 g gehackte Walnusskerne

Mehl, Speisestärke, Backpulver und Salz sieben und zur Seite stellen. 120 g Schokolade im Wasserbad schmelzen und abkühlen lassen. Den Rest Schokolade grob hacken und beiseitestellen. Die Butter in einem Topf schmelzen und abkühlen lassen. Die Eier mit dem Handrührgerät schaumig schlagen, dabei den Zucker einrieseln lassen, bis eine cremige Masse entsteht. Butter, Öl und Vanille-Extrakt einrühren. Die geschmolzene Schokolade dazugeben. Nach und nach die Mehlmischung unterrühren, bis ein glatter Teig entsteht. Cranberrys, Walnüsse und die gehackte Schokolade hinzufügen. Ein Backblech mit Backpapier auslegen und mit zwei Teelöffeln kleine Häufchen Teig darauf verteilen. Dabei darauf achten, dass zwischen den Häufchen ca. 2,5 cm Platz ist. Die Kekse im vorgeheizten Backofen bei 190 °C auf der mittleren Schiene ca. 8 Minuten backen. Abkühlen lassen. Die Kekse in einem luftdicht verschlossenen Behälter am besten im Kühlschrank aufbewahren.

Tipp

Die Kekse werden weniger weich, wenn Sie die Butter weglassen und anstelle des Rohrohrzuckers die gleiche Menge normalen Zucker verwenden. Die Kekse dann etwas länger, circa 10 bis 12 Minuten backen.

Nüsse und Trockenfrüchte in würzigem Honig

Sandgebäck mit Walnüssen

mit Rosmarin gewürzt

ca. 36 Kekse

60 ml Olivenöl
60 ml Raps- oder Sojaöl
1 kleiner Rosmarinzweig
2 Omega-3-Eier + 2 Omega-3-Eigelb
250 g Zucker
750 g Weizenvollkornmehl
80 g gehackte Walnusskerne
5 EL getrocknete Mangostückchen

Den Backofen auf 175 °C vorheizen. Das Öl mit dem Rosmarinzweig vorsichtig in einem Topf erhitzen. Den Topf von der Herdplatte nehmen und den Rosmarin ca. 30 Minuten in dem Öl ziehen lassen. Danach herausnehmen. Die Eier und den Zucker mit dem Handrührgerät so lange schlagen, bis eine weißliche, cremige Masse entsteht. Nach und nach abwechselnd das Mehl und das Öl hinzugeben. Den sehr festen Teig schließlich mit den Knethaken oder den Händen kneten, bis er nicht mehr an den Haken oder Händen kleben bleibt. Bei Bedarf noch etwas Mehl hinzufügen. Nüsse und Mangowürfel einkneten. Den Teig zu einer Kugel formen, in eine Schüssel legen und mit Frischhaltefolie abgedeckt 1 Stunde im Kühlschrank ruhen lassen. Die Arbeitsfläche mit Backpapier auslegen. Darauf den Teig 5 mm dick ausrollen. Mit einer Form oder einem Glas Kreise ausstechen, auf ein mit Backpapier ausgelegtes Backblech legen und 15 Minuten auf der mittleren Schiene backen. Das Gebäck sollte vollständig erkaltet sein, bevor es in einem luftdicht verschlossenen Behälter aufbewahrt wird.

Sandgebäck mit Walnüssen

Walnussröllchen
im Brick-Mantel

12 Portionen

Füllung

250 g gehackte Walnusskerne
3 EL Honig
1 EL Olivenöl
1 TL abgeriebene Orangenschale (unbehandelt)
1 TL Zimtpulver

Sirup

1 EL Zitronensaft
125 ml Honig
1 Handvoll Minzblättchen, fein geschnitten
1½ TL Orangenblütenwasser (optional)
3 Brickteigblätter
1 Omega-3-Eigelb

Den Backofen auf 190 °C vorheizen. Ein Backblech mit Backpapier auslegen. Für die Füllung die Walnusskerne, Honig, Olivenöl, Orangenschale und Zimt in einer Schüssel mischen. Für den Sirup den Zitronensaft zusammen mit 200 ml Wasser und dem Honig in einen Topf geben und unter Rühren auflösen. Minze zugeben, die Mischung kurz aufkochen und anschließend 5 Minuten bei kleiner Hitze köcheln lassen. Den fertigen Sirup in einer Schüssel abkühlen lassen, mit Orangenblütenwasser parfümieren. Die Brickteigblätter auf feuchten Küchentüchern ausbreiten. Die Füllung über die ganze Länge eines Blattrandes verteilen und die Blätter zügig und zugleich vorsichtig aufrollen. Die Röllchen so auf das Backblech legen, dass sie auf den Rändern liegen. Die Röllchen mit Eigelb bepinseln und 15 bis 20 Minuten backen, bis sie goldgelb sind. Mit dem Sirup übergießen, halbieren und heiß oder lauwarm servieren.

Aprikosen mit Walnüssen
und Schokolade

50 g Bitterschokolade (70 % Kakao)
8–10 Walnusskerne (Hälften)
8–10 getrocknete Aprikosen

Ein Backblech mit Backpapier auslegen. Die Schokolade langsam im Wasserbad schmelzen und abkühlen lassen. Die Walnusskerne je nach Größe der Aprikosen nochmals halbieren. Die Aprikosen vorsichtig öffnen und je eine Walnuss hineinstecken. Die gefüllten Aprikosen mit Schokolade bepinseln und die Glasur trocknen lassen. Jede einzelne Aprikose in Wachspapier oder Alufolie wickeln. In einem luftdicht verschlossenen Behälter halten sie sich 1 bis 2 Wochen.

Walnussröllchen im Brick-Mantel

Schokopops
mit Zimt

4–6 Personen

60 g getrocknete Cranberrys
200 g Bitterschokolade (70 % Kakao)
1 Prise Cayennepfeffer
1 TL Zimtpulver
1 EL Hanfsamen, Kürbis- und Sonnenblumenkerne, gemischt
125 g gehackte Walnusskerne
125–250 g Puffreis oder Quinoa-Pops

Die Cranberrys sehr fein hacken. Die Schokolade im Wasserbad schmelzen. Von der Herdplatte nehmen und mit Cayennepfeffer und Zimt würzen. Die Cranberrys, die gemischten Kerne, Nüsse und Pops untermischen. Die Masse ein wenig ruhen lassen. Bevor sie hart wird, zu kleinen Kugeln formen und in Muffinförmchen setzen oder auf einem Backblech mit Backpapier zu einer dickeren Rolle formen. Sobald die Masse hart wird, kann die Rolle in Scheiben geschnitten werden. In einem luftdicht verschlossenen Behälter oder in Backpapier eingeschlagen aufbewahren. Mit einer Fruchtsauce oder auch zu Gemüse servieren.

Ananas-Spieße
mit Baiser

12 Portionen

1 frische reife Ananas, in 6 Scheiben geschnitten (oder 6 Scheiben Ananas aus der Dose)
125 g Walnusskerne, Pekan-, Cashewnüsse und Leinsamen, gemischt
1 TL fein abgeriebene Zitronenschale (unbehandelt)
1–2 Prisen fein gemahlener schwarzer Pfeffer
1 EL Zucker
3 Eiweiß
1 Prise Salz
1 große rohe Kartoffel

12 Holzspieße in warmem Wasser einlegen. Den Backofen auf 175 °C vorheizen. Ein Backblech mit Backpapier auslegen. Die Ananasscheiben halbieren und auf Küchenkrepp abtropfen lassen. Nüsse und Samen fein mahlen. Das Backpapier mit den gemahlenen Nüssen und Samen, der Zitronenschale und nach Geschmack mit dem Pfeffer bestreuen. Die Ananasscheiben auf diese Mischung legen und einmal wenden, damit sie auf beiden Seiten paniert sind. Den Zucker im Wasserbad auflösen. Zusammen mit dem Eiweiß und dem Salz in eine hohe Rührschüssel geben und mit dem Handrührgerät auf höchster Stufe steif schlagen. Die Ananas auf die Spieße stecken und mit dem Eiweiß umhüllen. Die Kartoffel halbieren, mit den Schnittseiten auf ein Backblech legen und die Spieße hineinstecken. Das Backblech in das untere Drittel des Backofens schieben und die Baisers ca. 8 bis 10 Minuten backen, bis sie goldgelb sind. Sofort in Gläsern oder in Früchte gespießt servieren.

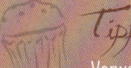

Tipp

Verwenden Sie auch andere Früchte und Gewürze. Köstliche Kombinationen sind: Apfel und Zimt, Banane und Muskatnuss, Erdbeere und Estragon, Pfirsich und Piment sowie Birne und Szechuan-Pfeffer (Feinkostladen).

Schokopops mit Zimt

Register

Adzukibohnen 230
Algen 32, 40, 52, 60, 214
Ananas 132, 196, 248
Ananasglasur 240
Ancho-Chilipulver 226, 230
Anis-Essenz 34
Anislikör 26, 34, 118
Apfel 56, 74, 92, 102, 130, 204
Äpfel, gebratene 142
Apfel-Gurken-Mousse 36
Aprikosen, getrocknete 54, 246
Arme Ritter 78, 100
Artischockenherz 92
Aspik 48
Aubergine, gegrillte 172
Aufstrich 84
Austernpilze 66
Avocado 16, 32, 88, 106

Baiser 248
Barsch 88, 132
Basmatireis 148
Béchamelsauce 112, 164, 174, 196, 202
Beeren 94
Beilage 72, 102, 104, 138 ff., 158, 168, 170, 172, 184, 206, 230
Belag 14, 76, 78, 142
Birne 78, 134, 210
Birnensalat 110
Bitterschokolade 54, 76, 226, 234, 236, 238, 248
Blätterteig 96
Blattspinat 24, 96, 146, 164, 208, 218
Blaubeeren 50, 78
Blauschimmelkäse 104, 110, 134, 168
Blinis 82
Bouillon 88, 200
Bouquet garni 174, 200
Brickteigblätter 24, 28, 154, 246
Brie 66
Brote 98
Brotpudding, herzhafter 70

Brownies 230
Brunch 62 ff.
Brunnenkresse 90, 146
Burger 110

Cachous 198
Calabrese-Salami 186
Calamari 22, 200, 222
Calamari, gefüllte 192
Canapés 30, 52, 56, 58
Canari 118
Cassoulet 228
Champignons 24, 66
Cheddar 100
Chermoula-Marinade 200
Chicorée 16, 58
Chilipaste 192
Chilisauce 132
Chipotle-Chilipulver 226
Cidre 204
Cocktail 22, 46, 48
Cocktailtomaten, gefüllte 44
Cognacsauce 48
Coulis 18
Couscous 96
Cranberrys 52, 54, 72, 160, 242, 248
Crostinis 30
Curry, grünes 168
Currysauce 218

Daikon-Rettich 52
Datteln 234
Datteln, gefüllte 238
Dattelcreme 84
Dessert 232 ff.
Dip 58
Dorsch 122

Ei, pochiertes 64
Eier, gefüllte 68, 106
Eiernudeln 180
Eierpfännchen 66

Eifüllung 98
Eintopf 114 ff.
Eiscreme, schnelle 236
Enokitake-Pilze 52
Ente, geräucherte 20
Entenbrust 94
Erbsen 160
Erdbeeren 46

Fadennudeln 206
Farce 192
Farfalle-Nudeln 178
Feigen 42, 148
Feigen, frische 96
Feigen, gefüllte 140
Feigencouscous 96
Feigen-Walnuss-Kompott 42
Feldsalat 94
Fenchelsalat 170
Feta 48, 140
Fettfisch 200, 208, 216, 228
Fisch 14, 16, 20, 28, 32, 34, 38, 40, 44 ff., 52, 100, 122, 126, 136, 166, 172, 180, 190 ff., 226 f.
Fisch, eingelegter 212
Fischfilet 192, 216
Fischfond 88
Fisch-Gemüse-Mischung 40
Fischgratin 196
Fischrogen siehe Rogen
Fischsauce 98, 206
Fischsoufflé 202
Fischspieße 200, 218
Fischsteak 182
Fischsuppe 118, 128
Fleisch 26, 150 ff.
Fleur de Sel 34, 44, 92, 104, 140, 148, 178, 192, 196, 206, 240
Fond 88
Fondue 200
Forelle 46, 52, 88, 122, 196, 200, 202
Forelle, geräucherte siehe Räucherforelle

Forellenfilet 172, 210
Forellensteak 182
Forellen-Tartar 210
Frischkäse 34, 56, 72, 84, 104, 238
Frittatas 100
Frittierte Sardinen-Küchlein 20
Früchte 72, 76, 78
Frühlingsrollen 16
Frühstück 62 ff.
Füllung 46, 98, 126, 246

Gänseschmalz 212
Garnelen 48, 98, 126 ff., 200, 218, 222, 224, 228
Garnelen, gekochte 32, 60
Garnelen, getrocknete 46
Garnelenpaste 168
Geflügel 94, 150 ff.
Gemüse 148, 200
Gemüse, gratiniertes 26
Gemüse-Nudel-Suppe 136
Glasnudeln 132
Granatapfelsaft 110, 148
Grapefruit 44
Grieß 72, 74, 96
Grönland-Heilbutt siehe Heilbutt
Grüner Tee 48, 124
Grünes Curry 168
Grünkohl 144
Gruyère 126, 196
Gurke, gefüllte 52

Hackfleisch, gemischtes 184
Hähnchenbrustfilet 148, 156, 158
Hähnchenkeulen, panierte 152
Hanföl 14, 16, 32, 34, 44, 48, 56, 60, 68, 90, 108, 118 ff., 134, 136, 166, 178, 214, 222, 226 ff.
Hanfsamen 14, 16, 24, 34, 38, 46, 48, 52, 54, 56, 74, 76, 92 ff., 106, 118, 120, 124, 142, 144, 152, 158, 160, 164, 168, 170, 178, 198, 226, 230, 234, 238, 248
Häppchen 12 ff.
Harissa 20
Haselnusskerne 52
Heilbutt 88, 132, 180, 206, 218
Herbstliche Suppe 124
Hering 46, 196, 202, 226

Heringsfilet, geräuchertes 68
Himbeeren 92
Himbeersauce 148
Hoisin-Sauce 50
Honigmelone 118
Honig-Senf-Sauce 158
Honig-Zitronen-Marinade 156
Hüttenkäse 44

Ingwer, eingelegter 52
Ingwer, frischer 94, 96, 110, 124, 126, 130, 152, 166, 184, 206
Ingwer, gebratener 32

Jakobsmuscheln 34, 200, 214, 224
Jakobsmuschelsuppe 128
Jalapeño-Chili 16, 100, 230
Japanische Nudeln 184
Japanische Pastete mit Thunfisch 32
Jasminreis 142
Joghurt 36, 40, 74, 76, 106, 108, 206

Kabeljaufilet 222
Kalamata-Oliven 48, 90
Kamutmehl 20, 76, 82, 104, 142, 204, 228, 242
Kapern 44
Karottencremesuppe 132
Karottenkuchen 240
Karottensalat 102
Kartoffeln 56, 66, 100
Kartoffelpüree 156, 296
Kartoffelsalat 88
Käse 44, 46, 48, 52, 58, 64, 66, 70, 92, 96, 100, 104, 110, 112, 126, 134, 136, 140, 148, 164, 168, 182, 186, 194, 196, 216
Käsebällchen 54
Käseröstis 42
Käsesauce 80
Kaviar 30, 68, 82
Kekse 242
Kichererbsen 24
Kichererbsensalat 108
Kleesprossen 72
Knabbermischung 28
Knoblauch, konfierter 212
Knoblauchblüte 16, 32, 46
Knoblauchsauce 178

Kochschinken 70
Kompott 42
Konfekt 234
Kopfsalat 94, 148
Krabben 106
Kräutermischung 104
Krebse 22
Krebsfleisch 118
Kressecreme 134
Kressesauce 208
Kuchen 240
Kürbis 124, 182
Kürbiskerne 24, 32, 46, 54, 74, 94, 124, 142, 152, 158, 168, 178, 180, 226, 230, 238
Kürbiskernöl 90, 94, 222

Lachs 120, 122, 126, 134, 136, 164, 200, 202, 212
Lachs, gebeizter 76
Lachs, gegrillter 216
Lachs, geräucherter siehe Räucherlachs
Lachs, roher 32, 34, 60
Lachsburger 110
Lachsfilet 38, 46, 50, 58, 98, 172, 176, 178, 188, 198, 208, 216
Lachsfilet, gegrilltes 196
Lachsforelle, gegrillte 206
Lachsfüllung 46
Lachs-Gemüsesuppe 120
Lachs-Käse-Dip 58
Lachsrogen 48
Lachssalat 88
Lachsschnitzel 198, 210
Lachssteak 182
Lakritz 198
Lammkotelett, paniertes 160
Langkornreis 192
Langusten 222
Langustenschwänze 22
Lasagne 164
Leinöl 30, 56, 84, 88, 92, 122, 124, 134, 144, 146, 160, 170, 178, 184, 222, 236
Leinsamen 26, 46, 72, 74 ff., 84, 98, 108, 124, 140, 142, 148, 152, 154, 158, 160, 178, 184, 198, 226, 238, 240, 248
Limettensauce 110, 206
Linsensuppe indische Art 122

Macis 118
Makrele 46, 50, 88, 118, 122, 126, 128, 202, 224, 226, 228
Makrelenfilet 44, 60, 166, 170, 192, 198
Makrelentartar 40
Mallorquinische Minipizza 14
Manchego 16
Mandelkerne 74
Mango 32, 218
Mangosauce 218
Mangold 36
Marinade 22, 24, 28, 50, 52, 122, 152, 156, 200, 212, 218
Marsala 56
Martini 128, 188
Matcha-Grünteepulver 36
Mayonnaise, selbstgemachte 30, 48, 106, 110, 146
Meeresfrüchte 18, 26, 32, 34, 48, 96, 134, 166, 180, 190 ff., 22, 228
Meeresfrüchte-Häppchen 22
Melonencreme 118
Mesclun-Salat 88, 92, 98, 104
Mexikanischer Thunfischsalat 16
Miesmuscheln 22, 26, 88, 120, 128, 222, 228
Mini-Frittatas 100
Mini-Thunfischspieße 50
Minzerbsen 160
Mirin-Sauce 52, 98, 112, 122, 180
Mohnsamen 218
Morcheln 66
Mozarella 64, 66, 70, 92, 100, 112, 164
Müsli 74
Muffins 82, 102
Muschelfond 88
Muscheln 18, 22, 26, 34, 88, 120, 128, 134, 200, 214, 222, 224, 228
Muschelnudeln 136
Muskatkürbis 124

Nan-Brot 122
Nizza-Salat 92
Nori-Algen 32, 40, 52, 60, 214
Nudeln 38, 122, 126, 132 ff., 162 ff., 174, 178, 182, 184, 206, 222
Nudelsalat 178
Nüsse 238, 242
Nussaufstrich 84

Nussstreusel 82
Nuoc Nam 168

Oliven 36, 42, 44, 48, 68, 90, 92, 186, 194, 228
Omega-3-Ei 18, 20, 24 ff., 60, 64 ff., 76 ff., 92, 96 ff., 106, 108, 126, 130, 154, 160, 170, 184, 202, 228, 234 ff.
Omelettes, geschichtete 64
Orangencreme 238

Pak Choi 122
Palourdes siehe Teppichmuscheln
Pancakes, amerikanische 78
Panierung 152, 158
Papadams 122
Papaya 50
Paprika, gebratene 106
Paprika, gegrillte 44
Parmesanbrot 108, 112
Pastete 32, 60
Pastis siehe Anislikör
Pecorino Romano 192
Pernod siehe Anislikör
Pesto 16, 38, 156
Petersilienbutter 172
Pfefferminz-Essenz 36
Pfirsiche, gefüllte 70
Pilze 24, 52, 66, 132, 180, 198, 202
Pinienkerne 14, 74, 164, 170, 192
Pistazienkerne 82
Pizza, schnelle 194
Pizzateig, hausgemacht 14
Polentaschnitten, gebratene 72
Popcornbällchen 240
Provenzalische Fischsuppe 90
Puffreis 248
Pumpernickel 58
Putenbrust 20
Putenbrustfilet 156

Quinoa 124, 248

Rapsöl 14 f., 20 ff., 28 ff., 38, 42, 52, 56, 66, 72, 78 f., 88, 92 ff., 118 ff., 134 f., 142 f., 148, 152 ff., 168 ff., 178 f., 186 f., 194 ff., 202 ff., 214, 216, 222 ff., 230, 236, 240, 244

Räucherfisch 40, 82, 136, 176
Räucherforelle 20, 40, 52, 58, 68, 82, 96, 102, 136
Räucherhering 68, 88
Räucherlachs 14, 16, 18, 34, 40, 54 ff., 70, 72, 82, 92, 96, 100 ff., 112, 122, 134, 164, 170, 180, 194, 224, 228
Ravioli 166, 184
Reis 60, 148, 192, 206, 224
Reis, kreolischer 192
Reisessig 52
Reismehl 110
Reisnudeln 130, 180
Reispapier 16, 98, 214
Rettich 52
Ricotta 48, 58, 70, 96, 182
Rigatoni-Spießchen, gefüllte 38
Rinderhackfleisch 26, 154
Rogen 30, 34, 40, 48, 58, 68
Rohrohrzucker 56, 76, 82, 96, 176, 186
Rosenkohl 144
Rosinenmuffins 82
Röstis 42
Rote Bete 146
Rucola 72, 104

Safran 78, 120, 136, 142, 170, 184, 188, 200
Safranbutter 182
Sake 124, 180
Salat 16, 86 ff., 146, 148, 158, 168, 170, 178
Salatgurke 36, 40, 52, 92
Salbeibutter 182
Salsa, exotische 80
Sambal Olek 152, 154, 168
Sandgebäck 244
Sandwich 112
Sardellenfilet 16, 44, 90, 92
Sardinen 28, 50, 128, 196, 202, 224, 230
Sardinenfilet 20, 44, 90, 192
Sardinensalat 90
Scampi-Cocktail 22
Schmortöpfe 220 ff.
Schneller Eintopf 130
Schnittchen 56
Schnittlauchsauce 210
Schokolade siehe Bitterschokolade
Schokoladenkekse 242
Schokoladensauce 76, 236

Schokopops 248
Schwarze Oliven, mariniert 28
Schweinefilet 160
Schweinehack 154
Schwertfisch 46, 50, 88, 136, 186, 204, 216
Schwertfisch-Carpaccio 44
Schwertfischsteak 182
Seeteufel 224
Seezungenfilet 214
Seidentofu 130
Sencha 48, 124
Senfsauce 208
Sesamkörner 52, 74
Sesamöl 94, 164, 206
Sesamsamen, schwarze 184
Shiitake-Pilze 132, 180, 198
Soba-Nudeln 122
Sojakerne 32
Sojaöl 14, 24, 30, 52, 168, 182, 214, 222, 240, 244
Sojasauce 32, 52, 60, 98, 110, 126, 130, 180, 184
Somen-Nudeln 184
Sonneblumenkerne 52
Soufflés 80
Souvlakis 204
Spanische Fleischbällchen 26
Spanische Tortilla 66
Spanisches Ragout 222
Spargel 64, 70
Spargel, überbacken 140
Spargelcremesuppe 136
Spiegelei 68
Spieße 20, 38, 50, 218, 248
Spinat 24, 36, 38, 50, 146, 208
Sprossen 72

Stangensellerie 36
Steinbutt 136
Süßkartoffeln 154
Szechuan-Pfeffer 60, 98

Tartar 34, 40, 210, 214
Teppichmuscheln 18, 134, 222
Thai-Basilikum 126
Thunfisch 28, 32, 46 ff., 88, 104, 106, 112, 128, 136, 200, 216, 226, 228
Thunfisch, geschmorter 202
Thunfisch, roher 32, 94, 178, 184
Thunfischfilet 124, 168
Thunfischnudeln 174
Thunfischsalat 16, 90
Thunfischsteak 90, 182
Thunfisch-Tartar 214
Thymiansirup 70
Tintenfisch 22, 228
Tobiko-Rogen 30, 34, 58, 68
Tofu 52, 130
Tomate, gegrillte 166
Tomaten-Honig-Sauce 154
Tomatensauce 20, 24, 174, 184, 186, 192
Tortilla 66

Vinaigrette 52, 88 ff., 104, 140, 146, 148
Vorspeise 12 ff.

Wachteleier 20, 48
Waffeln 76
Walnusskerne 14, 16, 24, 26, 32, 36, 38, 42, 52 ff., 60, 70 ff., 90, 96, 98, 102, 104, 108, 130, 132, 140 ff., 154 ff., 182, 184, 226, 234 ff.
Walnussmayonnaise 146

Walnussnudeln, gefüllte 182
Walnussöl 16, 24, 28, 42, 50, 52, 72, 76 ff., 84, 92 ff., 104, 110, 132, 136, 140, 144 ff., 158, 160, 180 ff., 236, 238
Walnusspesto 194
Walnussröllchen 246
Walnusssauce 98, 144
Walnuss-Soufflés 80
Wan-Tan-Nudelblätter 126, 166, 182
Wan-Tan-Suppe 126
Wasabi-Pulver 32, 184
Wasserkastanien 180
Wassermelone 58
Weißer Fisch, pochiert 206
Weißfisch 132
Weißwein-Sahne-Sauce 188
Weizengrieß 96
Winterkürbis 182
Wolfsbarsch 200, 216, 218
Wolfsbarschfilet 204, 212

Zaziki 204
Ziegenfrischkäse 46, 52, 54, 58, 104, 110
Ziegenkäse 64, 66, 96, 136, 140, 148, 194, 216
Ziegenkäsebällchen 54
Ziegenkäsefüllung 46
Zimthonig 74
Zitronen-Thymian-Sauce 180
Zitrusfrüchte 44
Zucchini 90
Zucchini, gratinierte 142
Zucchiniröllchen 46
Zwieback 56
Zwiebelmuffins 102
Zwiebeln, karamellisierte 30, 72, 176, 182

Schutz vor Krebs mit Genuss

Louise Rivard
Kochen für Leib und Leben
200 Rezepte gegen den Krebs

*Mit einer Einführung
von Prof. Hademar Bankhofer*
256 Seiten, mit zahlreichen
farbigen Abb., gebunden
ISBN 978-3-8025-1764-8
€ 19,95 [D]

Kaum eine Krankheit wird so sehr gefürchtet wie Krebs. Doch jeder kann etwas tun, um das Risiko einer Erkrankung zu reduzieren. Zahlreiche wissenschaftliche Studien haben bewiesen, wie groß der Einfluss einer gesunden Ernährung auf unseren Körper ist.
Dieses Buch enthält 200 Rezepte mit ausgewählten Zutaten, die vor Krebs und anderen Krankheiten schützen. Gesunde Gerichte, Snacks, Desserts und Getränke sorgen in der täglichen Küche für wahre Geschmackserlebnisse.

www.vgs.de

Preisgekrönte französische Küche

Trish Deseine
Meine französische Landküche
192 Seiten, mit zahlreichen
farbigen Abbildungen, gebunden
ISBN 978-3-8025-3665-6
€ 24,95 [D]

„Ihre Kochbücher sind Bestseller und entzücken alle…" *L'Express Mag*

Die große Kennerin und Liebhaberin französischer Küche Trish Deseine zeigt, wie man mit wenigen Zutaten den Duft des „Terroir", den einzigartigen Geschmack und das Flair der französischen Landküche auf den Teller zaubern kann. Als erste Nichtfranzösin mit dem „Prix La Mazille" ausgezeichnet, präsentiert sie eine Palette an Fisch-, Fleisch- und vegetarischen Gerichten für die unterschiedlichsten Gelegenheiten. Dabei dürfen natürlich auch süße Versuchungen wie Himbeertarte oder Madeleines nicht fehlen – bon appétit!

www.vgs.de